This Book Belongs To

Name :

Phone :

Address :

Location :   Date :

Firearm :   Time :

Scope Type :	
Ammunition :	
Seating Depth :	
Distance :	
Powder :	
Primer :	
Brass :	

Conditions :

Overall Results :	

Notes :

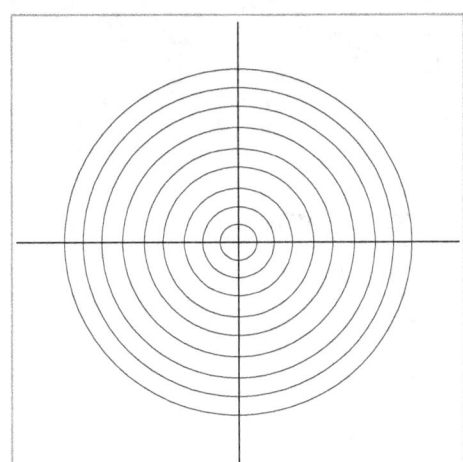

Distance : _____   Distance : _____
Target Size : _____   Target Size : _____

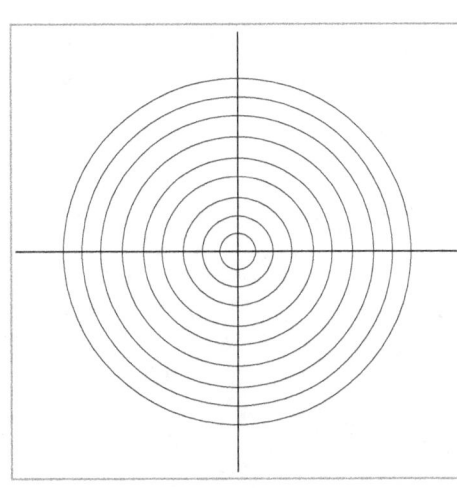

Distance : _____   Distance : _____
Target Size : _____   Target Size : _____

Location :		Date :	
Firearm :		Time :	

Scope Type :	
Ammunition :	
Seating Depth :	
Distance :	
Powder :	
Primer :	
Brass :	

Conditions :

Overall Results :	

Notes :

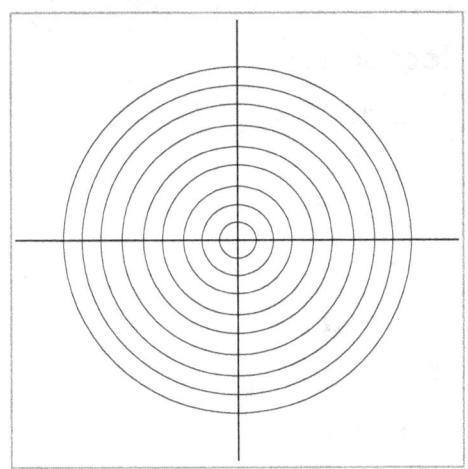

Distance : _____   Distance : _____
Target Size : _____   Target Size : _____

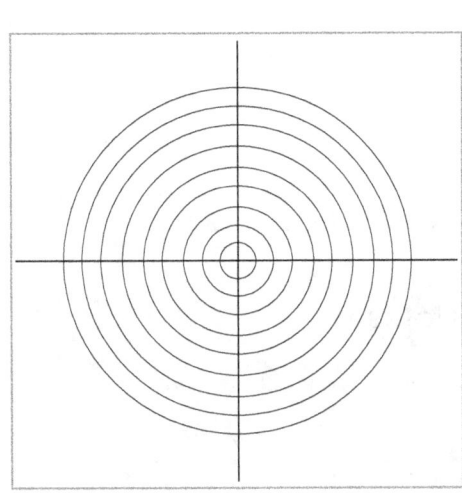

Distance : _____   Distance : _____
Target Size : _____   Target Size : _____

Location : _____

Firearm : _____

| Date : | |
| Time : | |

Scope Type :	
Ammunition :	
Seating Depth :	
Distance :	
Powder :	
Primer :	
Brass :	

Conditions :

- -

- -

- -

| Overall Results : | |

Notes :

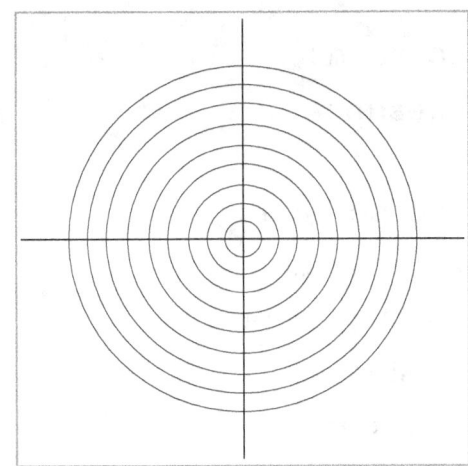

Distance : _____   Distance : _____
Target Size : _____   Target Size : _____

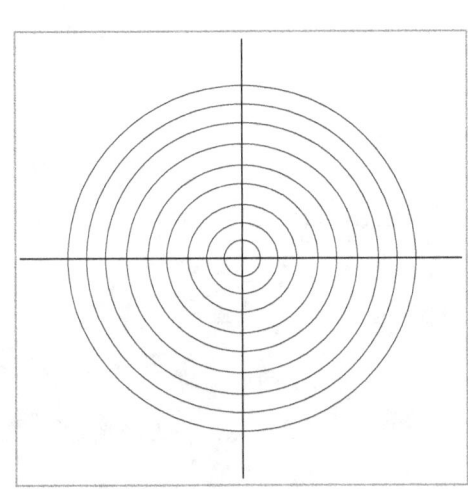

Distance : _____   Distance : _____
Target Size : _____   Target Size : _____

Location : _____ Date : _____

Firearm : _____ Time : _____

Scope Type :	
Ammunition :	
Seating Depth :	
Distance :	
Powder :	
Primer :	
Brass :	

Conditions :

Overall Results :	

Notes :

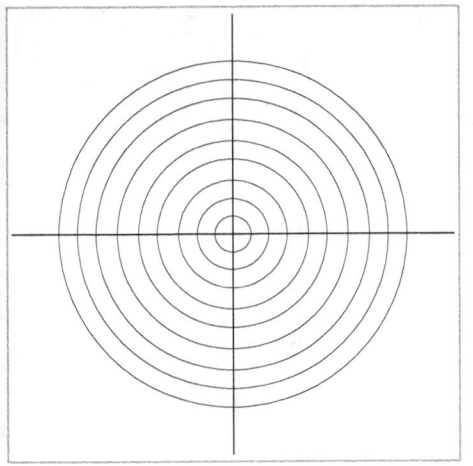

Distance : _____
Target Size : _____

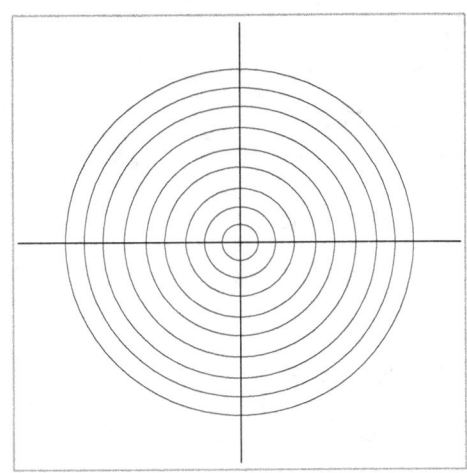

Distance : _____
Target Size : _____

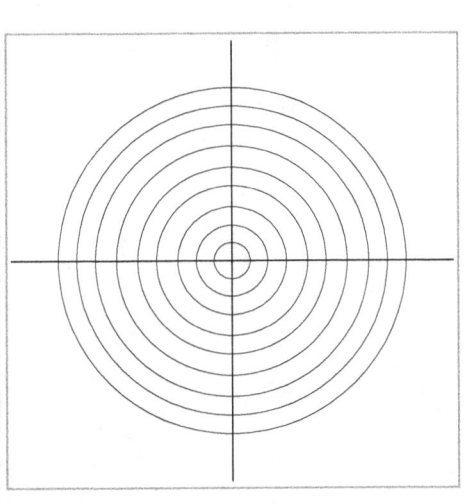

Distance : _____
Target Size : _____

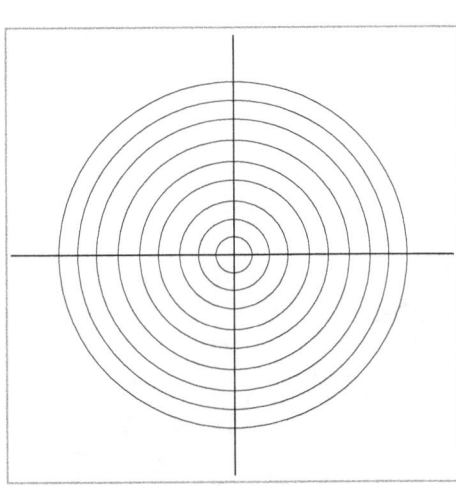

Distance : _____
Target Size : _____

Location :

Firearm :

Date :

Time :

Scope Type :	
Ammunition :	
Seating Depth :	
Distance :	
Powder :	
Primer :	
Brass :	

Conditions :

Overall Results :	

Notes :

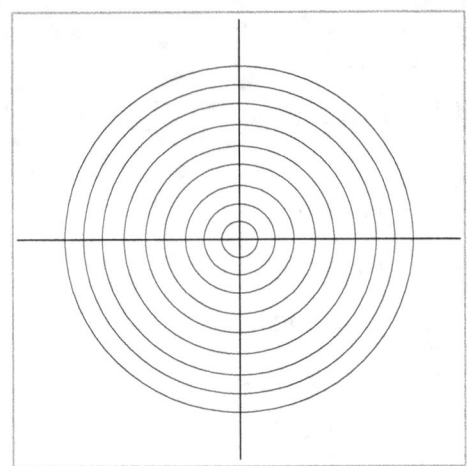

Distance : _____ Distance : _____
Target Size : _____ Target Size : _____

 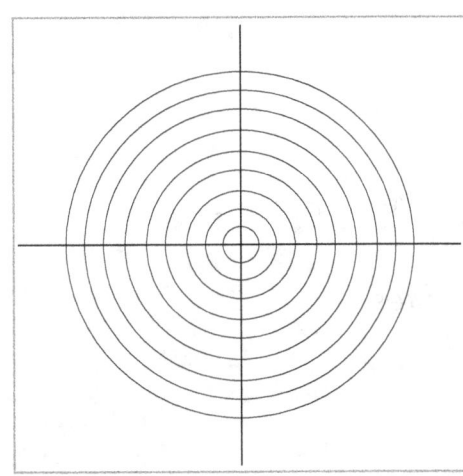

Distance : _____ Distance : _____
Target Size : _____ Target Size : _____

Location :		Date :	
Firearm :		Time :	

Scope Type :	
Ammunition :	
Seating Depth :	
Distance :	
Powder :	
Primer :	
Brass :	

Conditions :

Overall Results :	

Notes :

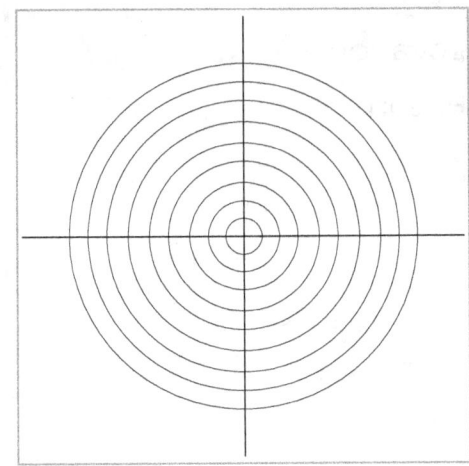

Distance : _____ Distance : _____
Target Size : _____ Target Size : _____

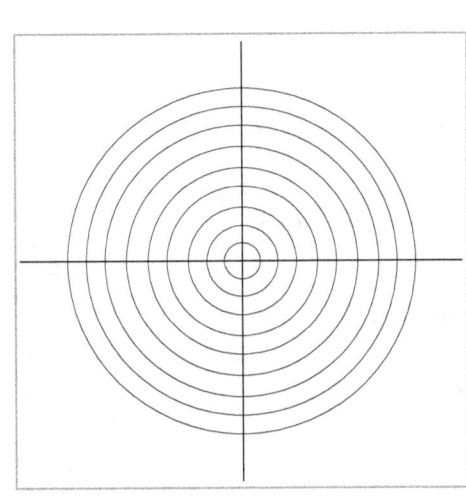

Distance : _____ Distance : _____
Target Size : _____ Target Size : _____

Location :

Firearm :

Date :

Time :

Scope Type :	
Ammunition :	
Seating Depth :	
Distance :	
Powder :	
Primer :	
Brass :	

Conditions :

Overall Results :	

Notes :

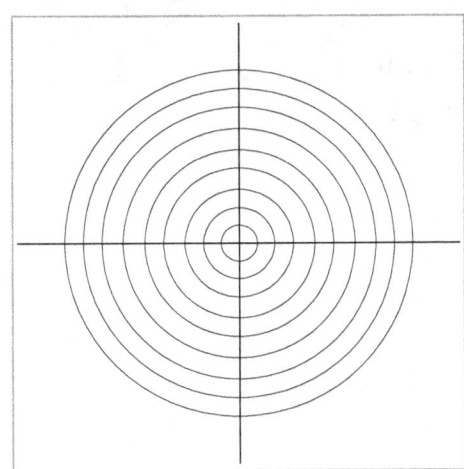

Distance : _____   Distance : _____
Target Size : _____   Target Size : _____

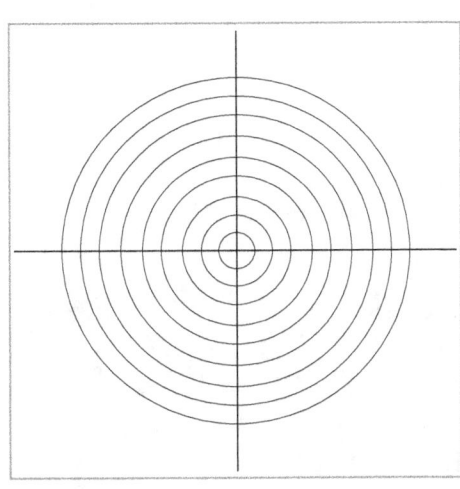

Distance : _____   Distance : _____
Target Size : _____   Target Size : _____

Location :   Date :

Firearm :   Time :

Scope Type :	
Ammunition :	
Seating Depth :	
Distance :	
Powder :	
Primer :	
Brass :	

Conditions :

Overall Results :	

Notes :

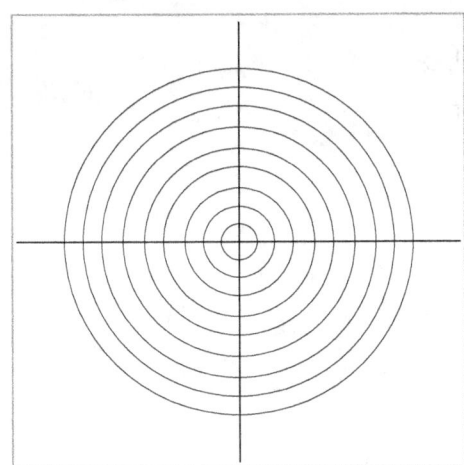

Distance : _____ Distance : _____
Target Size : _____ Target Size : _____

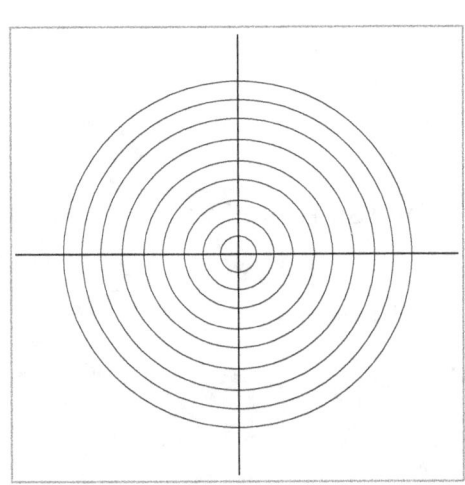

Distance : _____ Distance : _____
Target Size : _____ Target Size : _____

Location :

Firearm :

Date :

Time :

Scope Type :	
Ammunition :	
Seating Depth :	
Distance :	
Powder :	
Primer :	
Brass :	

Conditions :

Overall Results :	

Notes :

Distance :
Target Size :

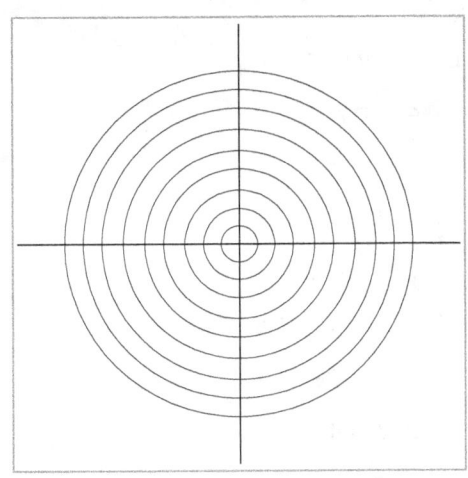

Distance :
Target Size :

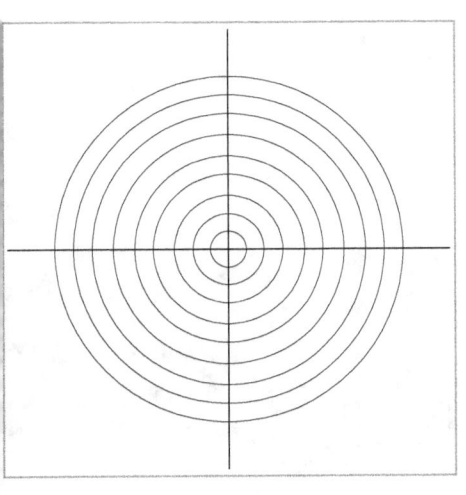

Distance :
Target Size :

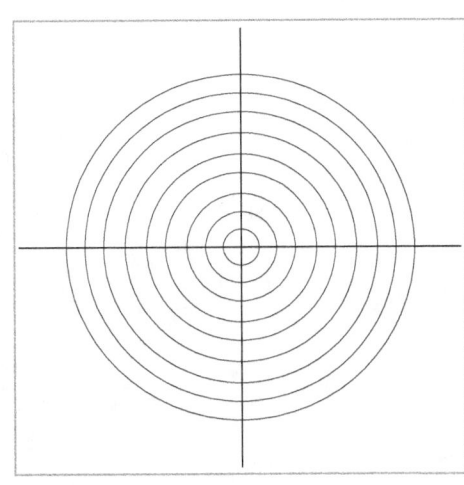

Distance :
Target Size :

Location : _____ Date : _____

Firearm : _____ Time : _____

Scope Type :	
Ammunition :	
Seating Depth :	
Distance :	
Powder :	
Primer :	
Brass :	

Conditions :

_____

_____

_____

Overall Results :	

Notes :

_____

_____

_____

_____

_____

_____

_____

_____

_____

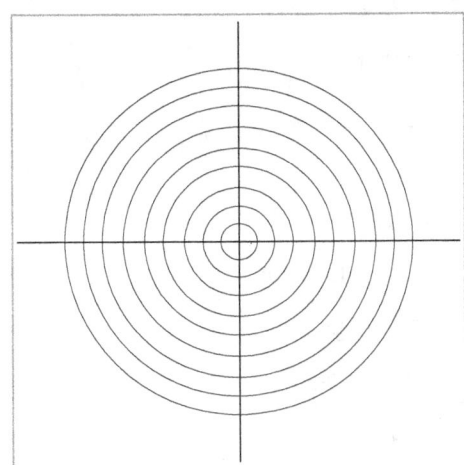

Distance :
Target Size :

Distance :
Target Size :

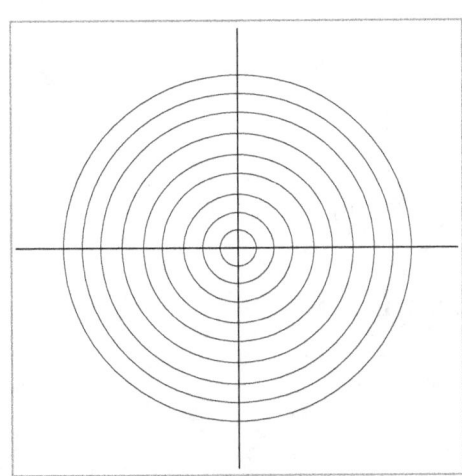

Distance :
Target Size :

Distance :
Target Size :

Location :		Date :	
Firearm :		Time :	

Scope Type :	
Ammunition :	
Seating Depth :	
Distance :	
Powder :	
Primer :	
Brass :	

Conditions :

Overall Results :	

Notes :

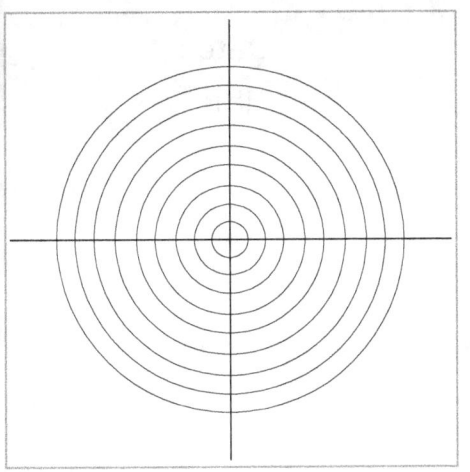

Distance : _____
Target Size : _____

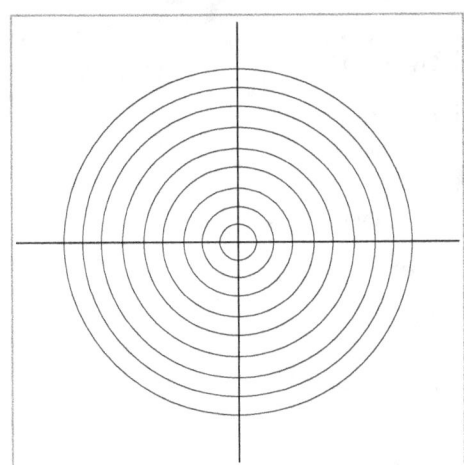

Distance : _____
Target Size : _____

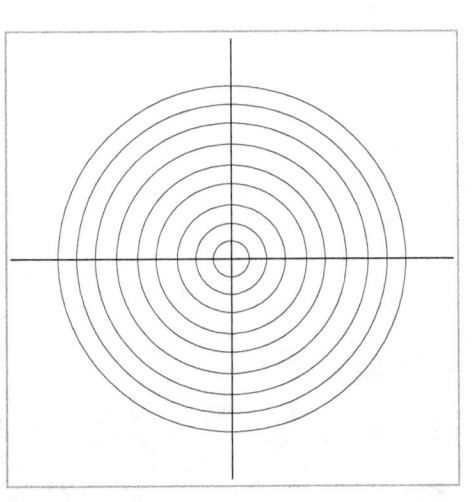

Distance : _____
Target Size : _____

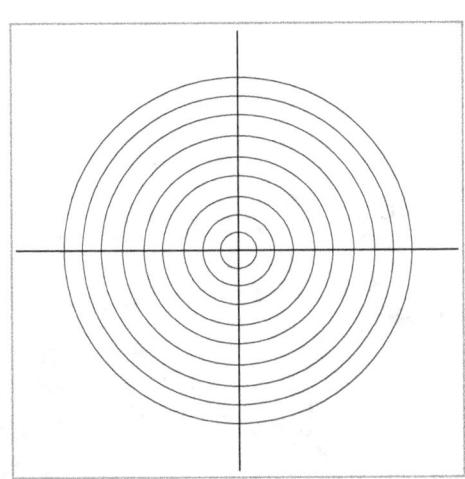

Distance : _____
Target Size : _____

Location :   Date :
Firearm :   Time :

Scope Type :	
Ammunition :	
Seating Depth :	
Distance :	
Powder :	
Primer :	
Brass :	

Conditions :

Overall Results :	

Notes :

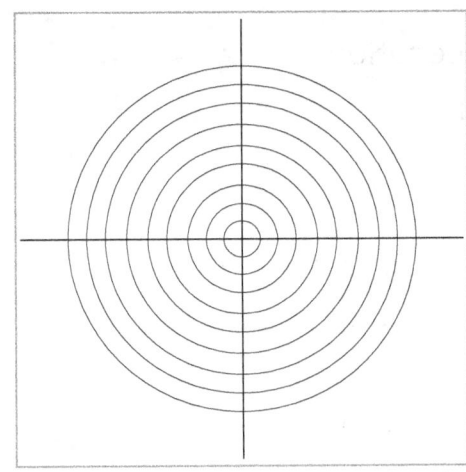

Distance :
Target Size :

Distance :
Target Size :

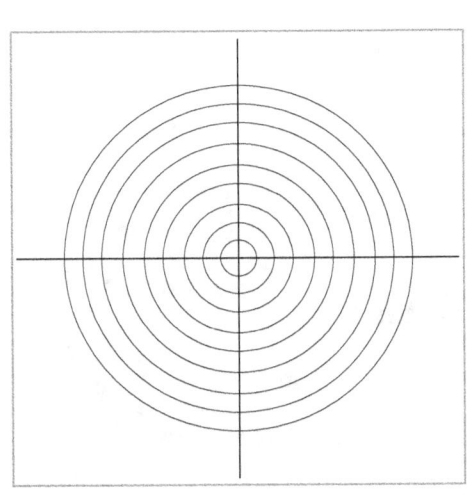

Distance :
Target Size :

Distance :
Target Size :

Location :		Date :
Firearm :		Time :

Scope Type :	
Ammunition :	
Seating Depth :	
Distance :	
Powder :	
Primer :	
Brass :	

Conditions :

Overall Results :	

Notes :

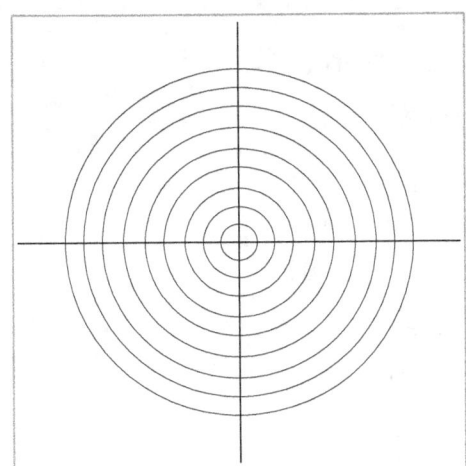

Distance : _____
Target Size : _____

Distance : _____
Target Size : _____

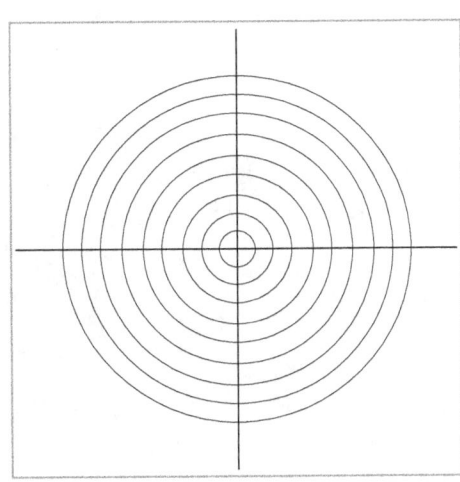

Distance : _____
Target Size : _____

Distance : _____
Target Size : _____

Location :

Firearm :

Date :

Time :

Scope Type :	
Ammunition :	
Seating Depth :	
Distance :	
Powder :	
Primer :	
Brass :	

Conditions :

Overall Results :	

Notes :

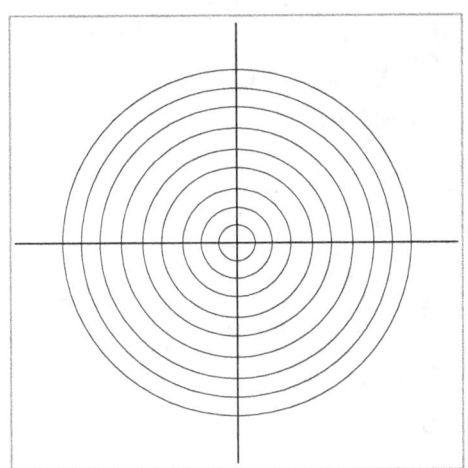

Distance : _____
Target Size : _____

Distance : _____
Target Size : _____

Distance : _____
Target Size : _____

Distance : _____
Target Size : _____

Location : _____   Date : _____
Firearm : _____   Time : _____

Scope Type :	
Ammunition :	
Seating Depth :	
Distance :	
Powder :	
Primer :	
Brass :	

Conditions :

_____
_____
_____

Overall Results :	

Notes :

_____
_____
_____
_____
_____
_____
_____
_____
_____

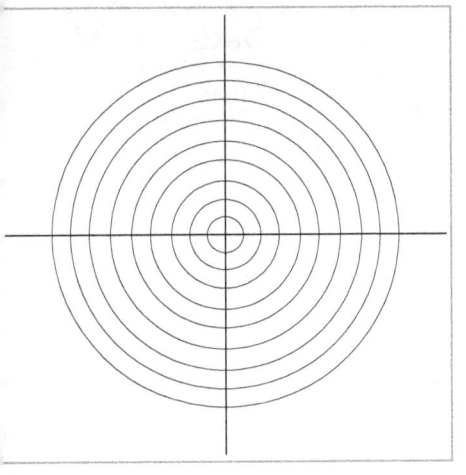

Distance : _____
Target Size : _____

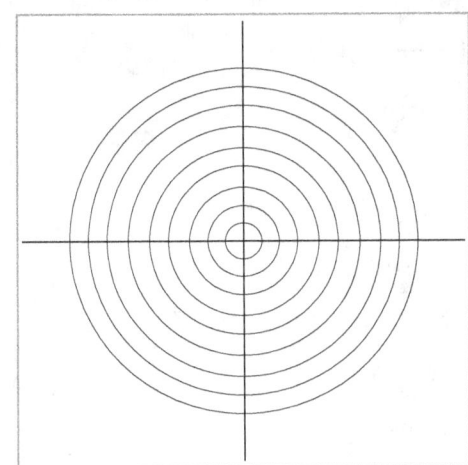

Distance : _____
Target Size : _____

Distance : _____
Target Size : _____

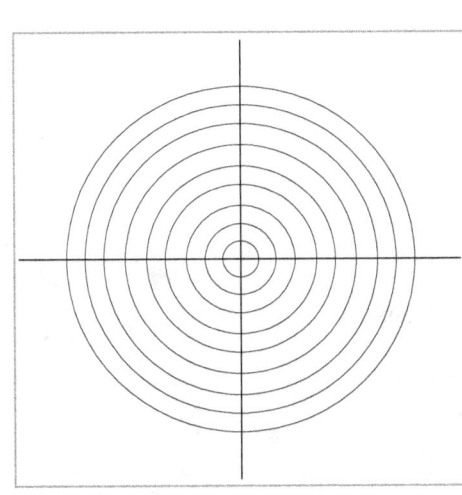

Distance : _____
Target Size : _____

Location :

Firearm :

Date :

Time :

Scope Type :	
Ammunition :	
Seating Depth :	
Distance :	
Powder :	
Primer :	
Brass :	

Conditions :

Overall Results :	

Notes :

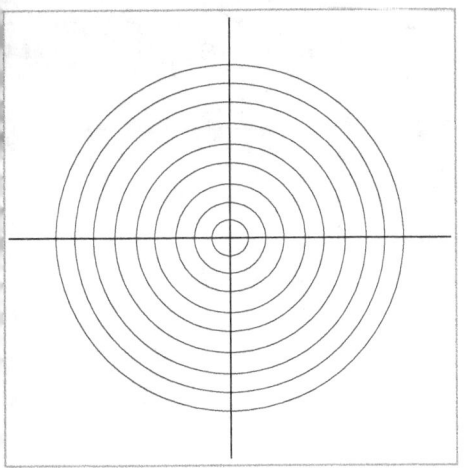

Distance :
Target Size :

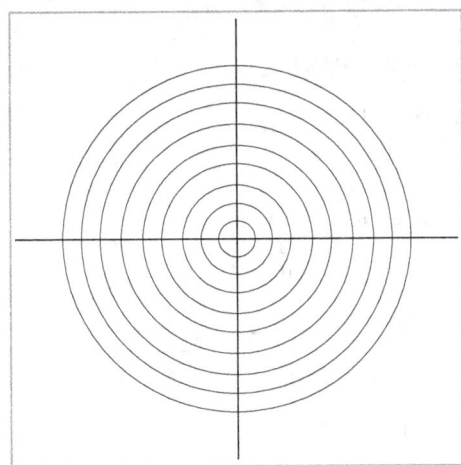

Distance :
Target Size :

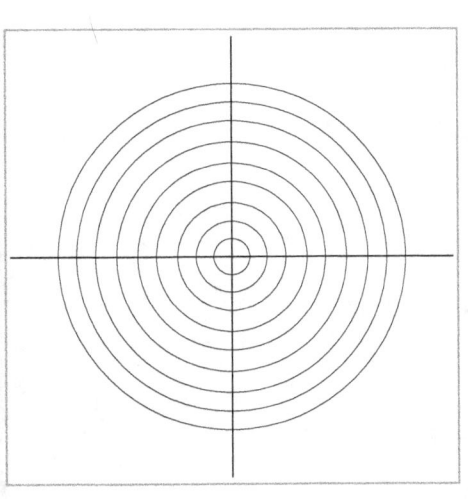

Distance :
Target Size :

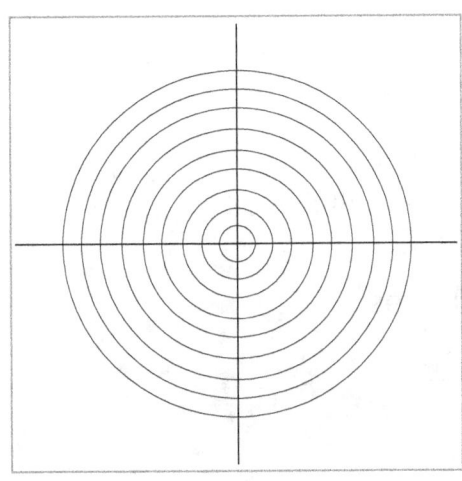

Distance :
Target Size :

Location : _____   Date : _____
Firearm : _____   Time : _____

Scope Type :	
Ammunition :	
Seating Depth :	
Distance :	
Powder :	
Primer :	
Brass :	

Conditions :

Overall Results :	

Notes :

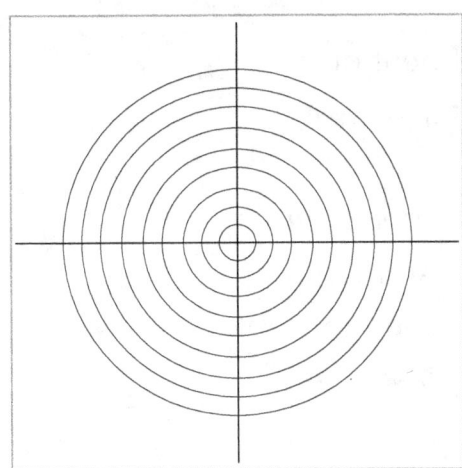

Distance : _____   Distance : _____
Target Size : _____   Target Size : _____

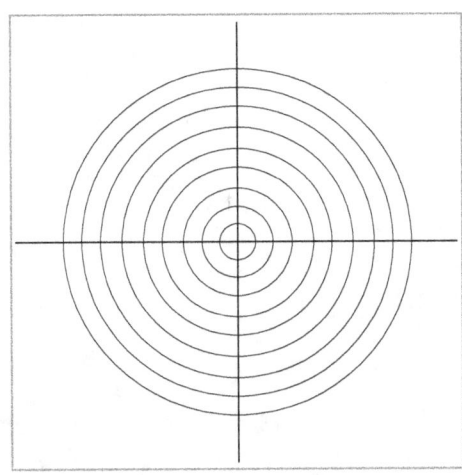

Distance : _____   Distance : _____
Target Size : _____   Target Size : _____

Location :

Firearm :

Date :

Time :

Scope Type :	
Ammunition :	
Seating Depth :	
Distance :	
Powder :	
Primer :	
Brass :	

Conditions :

Overall Results :	

Notes :

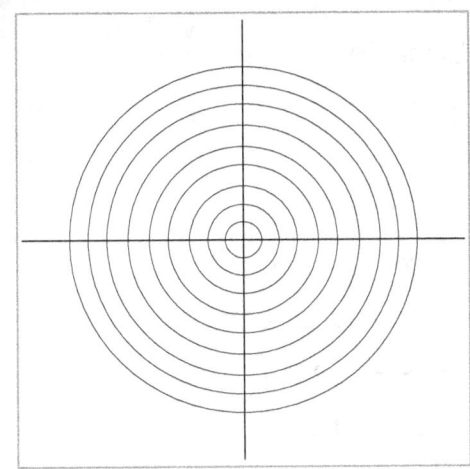

Distance :
Target Size :

Distance :
Target Size :

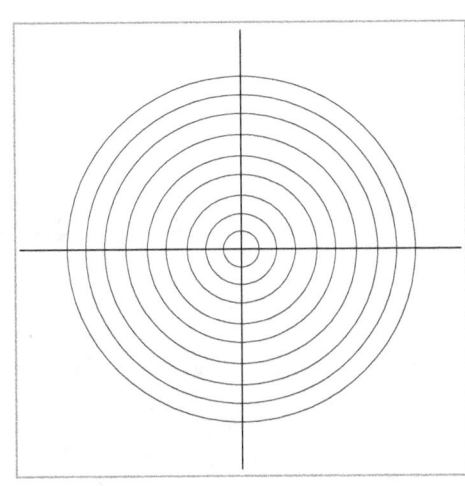

Distance :
Target Size :

Distance :
Target Size :

Location :

Firearm :

Date :

Time :

Scope Type :	
Ammunition :	
Seating Depth :	
Distance :	
Powder :	
Primer :	
Brass :	

Conditions :

Overall Results :	

Notes :

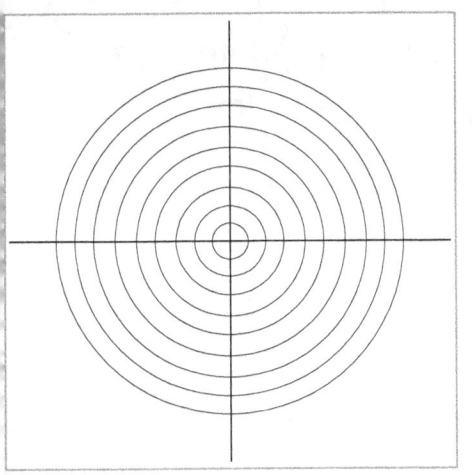

Distance : _____
Target Size : _____

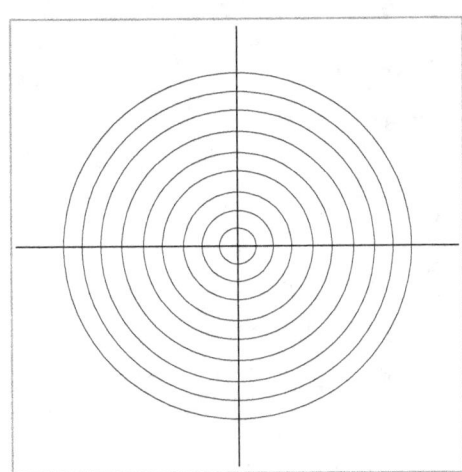

Distance : _____
Target Size : _____

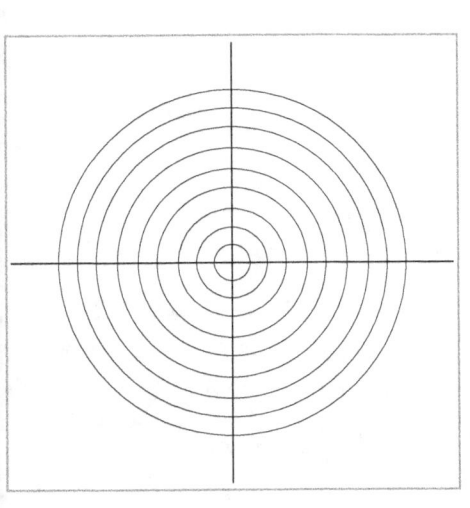

Distance : _____
Target Size : _____

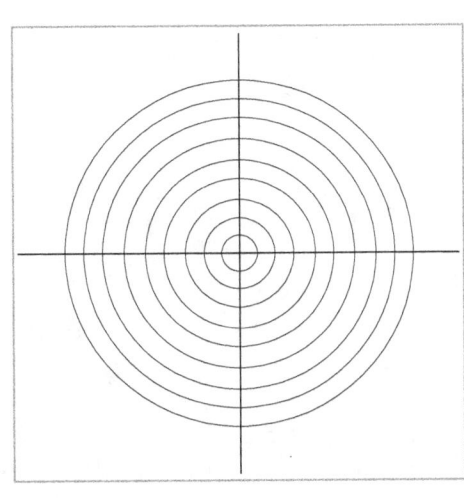

Distance : _____
Target Size : _____

Location :
Firearm :

Date :
Time :

Scope Type :	
Ammunition :	
Seating Depth :	
Distance :	
Powder :	
Primer :	
Brass :	

Conditions :

Overall Results :	

Notes :

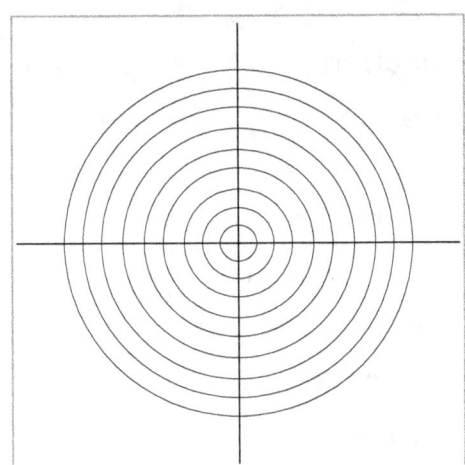

Distance : _____   Distance : _____
Target Size : _____   Target Size : _____

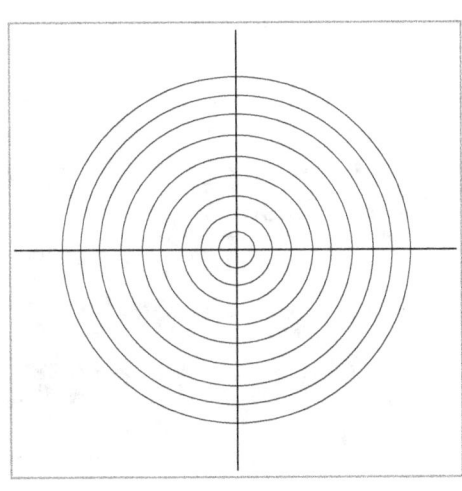

Distance : _____   Distance : _____
Target Size : _____   Target Size : _____

Location : _____   Date : _____
Firearm : _____   Time : _____

Scope Type :	
Ammunition :	
Seating Depth :	
Distance :	
Powder :	
Primer :	
Brass :	

Conditions :

_____
_____
_____

Overall Results :	

Notes :

_____
_____
_____
_____
_____
_____
_____
_____
_____

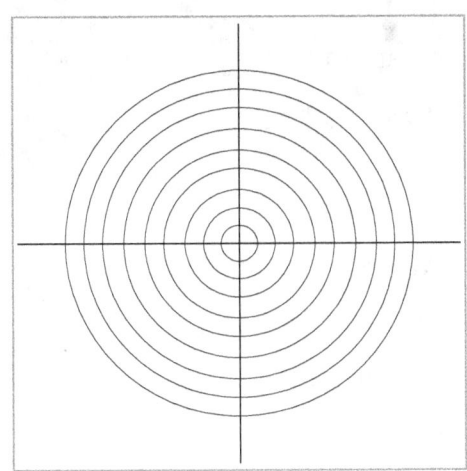

Distance : _____   Distance : _____
Target Size : _____   Target Size : _____

Distance : _____   Distance : _____
Target Size : _____   Target Size : _____

Location :

Firearm :

Date :

Time :

Scope Type :	
Ammunition :	
Seating Depth :	
Distance :	
Powder :	
Primer :	
Brass :	

Conditions :

Overall Results :	

Notes :

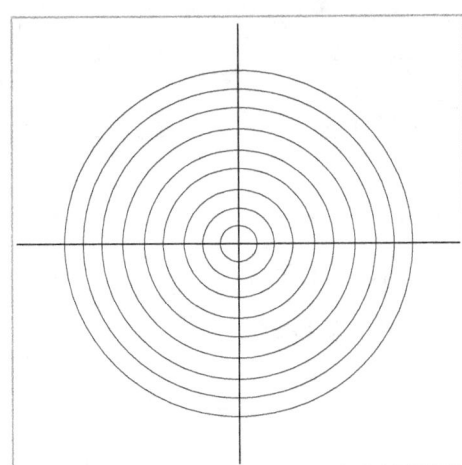

Distance : _____   Distance : _____
Target Size : _____   Target Size : _____

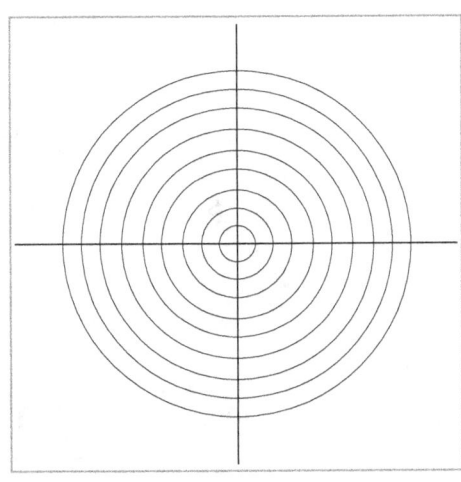

Distance : _____   Distance : _____
Target Size : _____   Target Size : _____

Location :

Firearm :

Date :

Time :

Scope Type :	
Ammunition :	
Seating Depth :	
Distance :	
Powder :	
Primer :	
Brass :	

Conditions :

Overall Results :	

Notes :

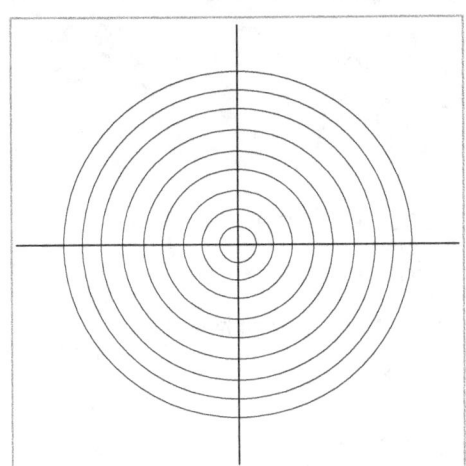

Distance : _____   Distance : _____
Target Size : _____   Target Size : _____

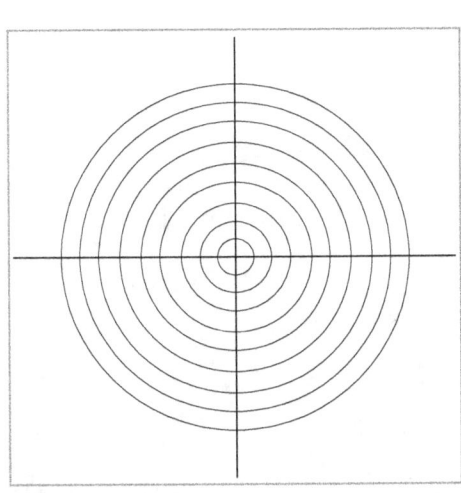

Distance : _____   Distance : _____
Target Size : _____   Target Size : _____

Location :   Date :

Firearm :   Time :

Scope Type :	
Ammunition :	
Seating Depth :	
Distance :	
Powder :	
Primer :	
Brass :	

Conditions :

Overall Results :	

Notes :

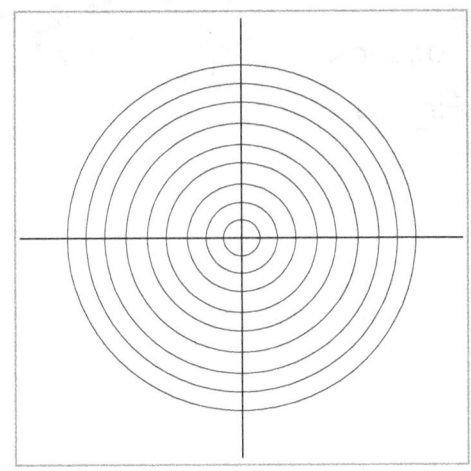

Distance : _____ Distance : _____
Target Size : _____ Target Size : _____

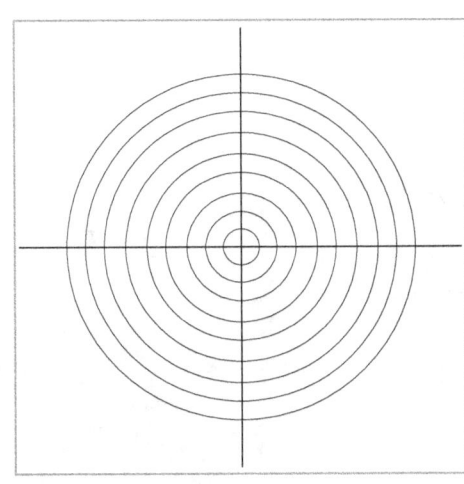

Distance : _____ Distance : _____
Target Size : _____ Target Size : _____

Location :

Firearm :

Date :

Time :

Scope Type :	
Ammunition :	
Seating Depth :	
Distance :	
Powder :	
Primer :	
Brass :	

Conditions :

Overall Results :

Notes :

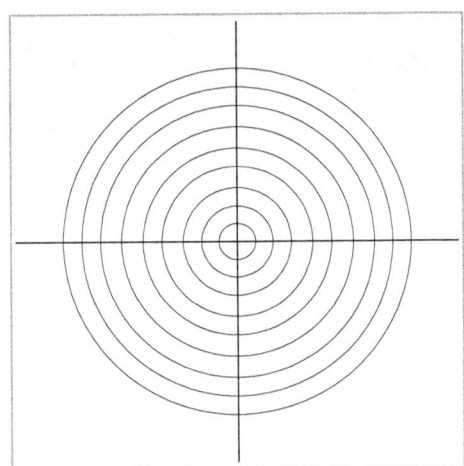

Distance : _____ Distance : _____
Target Size : _____ Target Size : _____

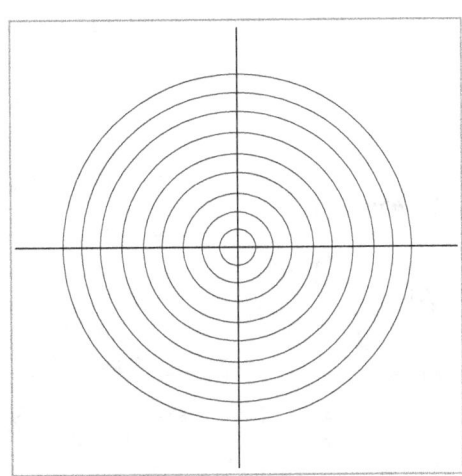

Distance : _____ Distance : _____
Target Size : _____ Target Size : _____

Location :

Firearm :

| Date : | |
| Time : | |

Scope Type :	
Ammunition :	
Seating Depth :	
Distance :	
Powder :	
Primer :	
Brass :	

Conditions :

| Overall Results : | |

Notes :

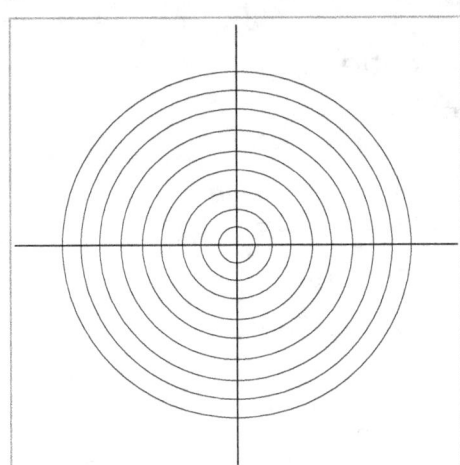

Distance : _____
Target Size : _____

Distance : _____
Target Size : _____

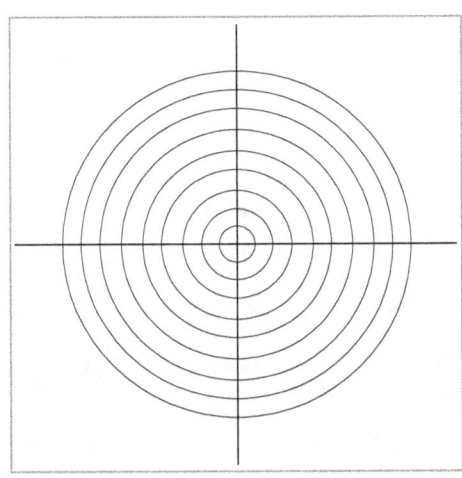

Distance : _____
Target Size : _____

Distance : _____
Target Size : _____

Location :

Firearm :

Date :

Time :

Scope Type :	
Ammunition :	
Seating Depth :	
Distance :	
Powder :	
Primer :	
Brass :	

Conditions :

Overall Results :	

Notes :

Distance : _____ Distance : _____
Target Size : _____ Target Size : _____

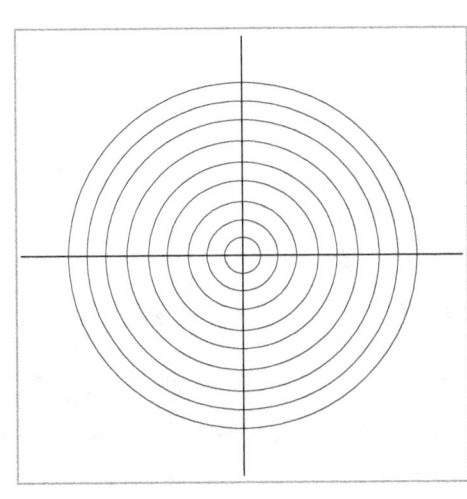

Distance : _____ Distance : _____
Target Size : _____ Target Size : _____

Location :   Date :

Firearm :   Time :

Scope Type :	
Ammunition :	
Seating Depth :	
Distance :	
Powder :	
Primer :	
Brass :	

Conditions :

Overall Results :	

Notes :

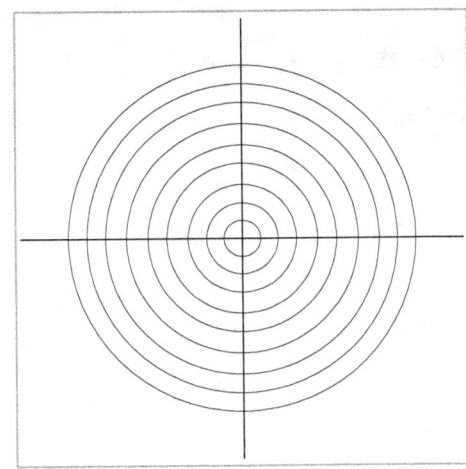

Distance : _____   Distance : _____
Target Size : _____   Target Size : _____

 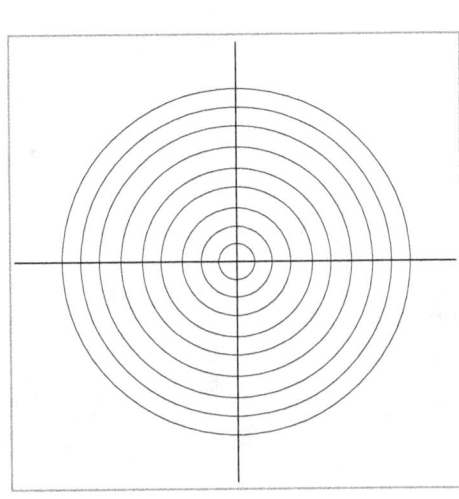

Distance : _____   Distance : _____
Target Size : _____   Target Size : _____

Location :   Date :

Firearm :   Time :

Scope Type :	
Ammunition :	
Seating Depth :	
Distance :	
Powder :	
Primer :	
Brass :	

Conditions :

Overall Results :

Notes :

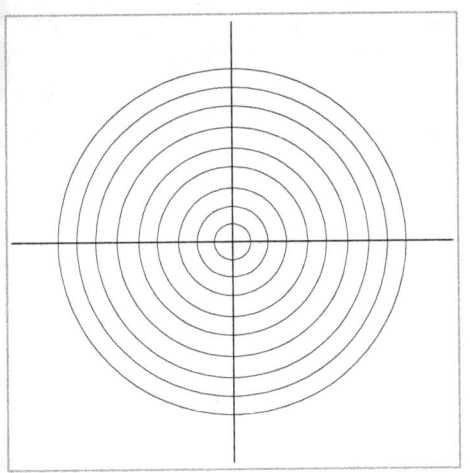

Distance :
Target Size :

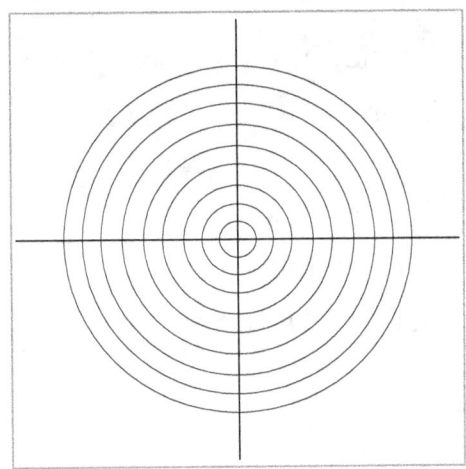

Distance :
Target Size :

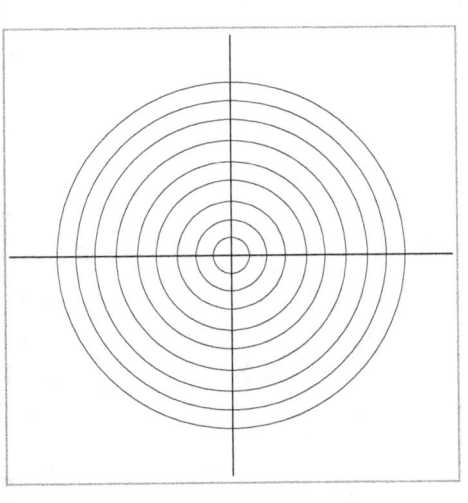

Distance :
Target Size :

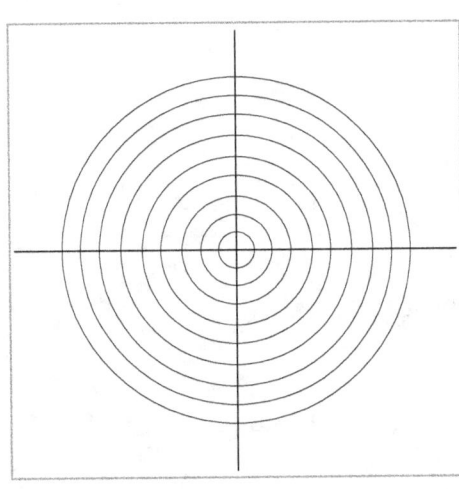

Distance :
Target Size :

Location :

Firearm :

Date :

Time :

Scope Type :	
Ammunition :	
Seating Depth :	
Distance :	
Powder :	
Primer :	
Brass :	

Conditions :

Overall Results :	

Notes :

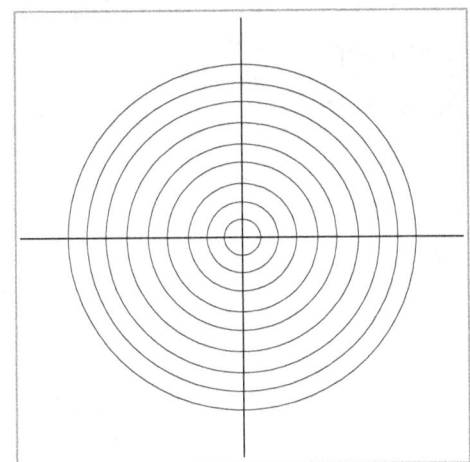

Distance : _____
Target Size : _____

Distance : _____
Target Size : _____

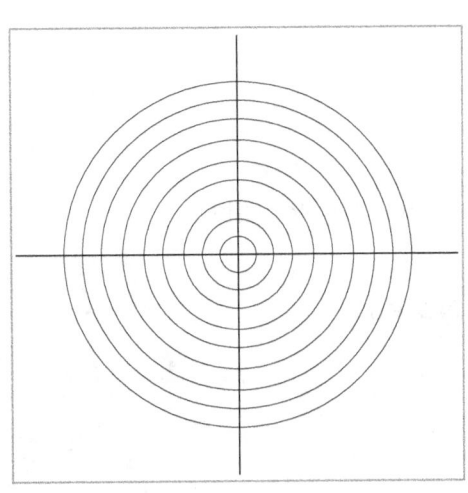

Distance : _____
Target Size : _____

Distance : _____
Target Size : _____

Location :   Date :
Firearm :   Time :

Scope Type :	
Ammunition :	
Seating Depth :	
Distance :	
Powder :	
Primer :	
Brass :	

Conditions :

Overall Results :

Notes :

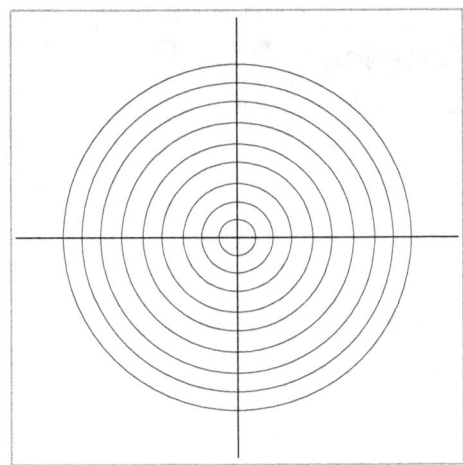

Distance : _____   Distance : _____
Target Size : _____   Target Size : _____

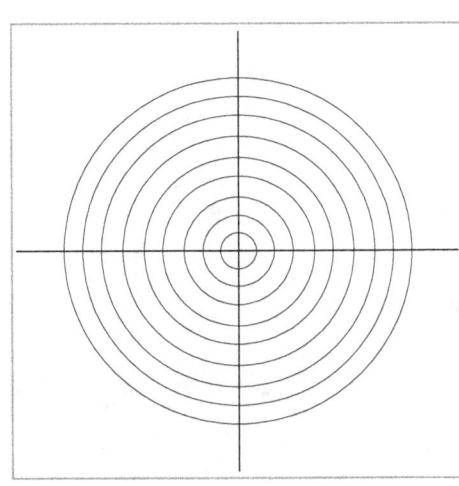

Distance : _____   Distance : _____
Target Size : _____   Target Size : _____

Location :	Date :
Firearm :	Time :

Scope Type :	
Ammunition :	
Seating Depth :	
Distance :	
Powder :	
Primer :	
Brass :	

Conditions :

Overall Results :	

Notes :

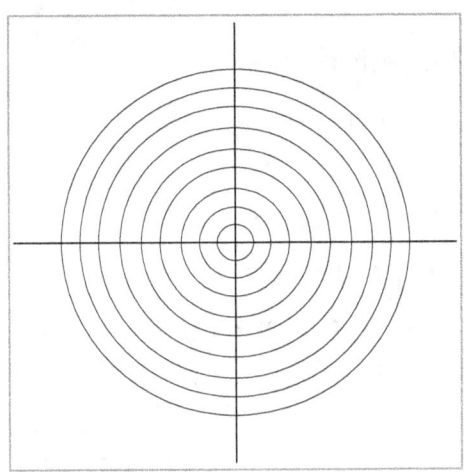

Distance : _____
Target Size : _____

Distance : _____
Target Size : _____

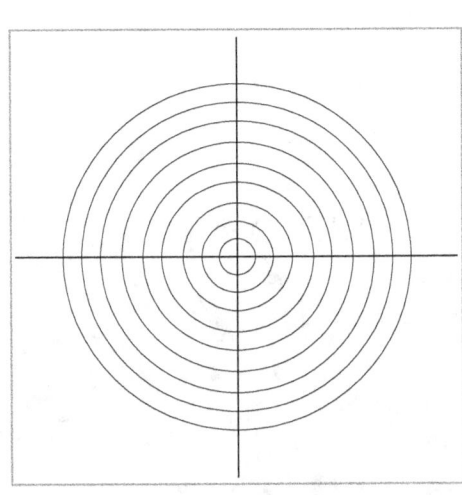

Distance : _____
Target Size : _____

Distance : _____
Target Size : _____

Location :

Firearm :

Date :

Time :

Scope Type :	
Ammunition :	
Seating Depth :	
Distance :	
Powder :	
Primer :	
Brass :	

Conditions :

Overall Results :	

Notes :

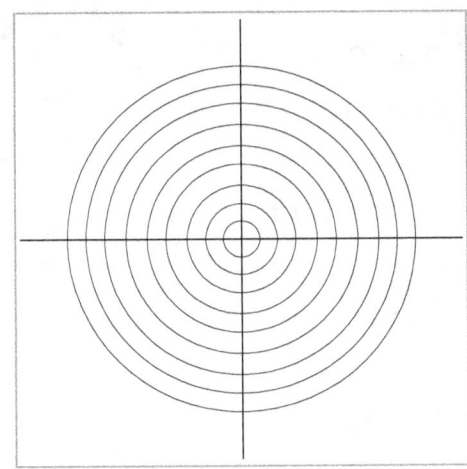

Distance : _____   Distance : _____
Target Size : _____   Target Size : _____

 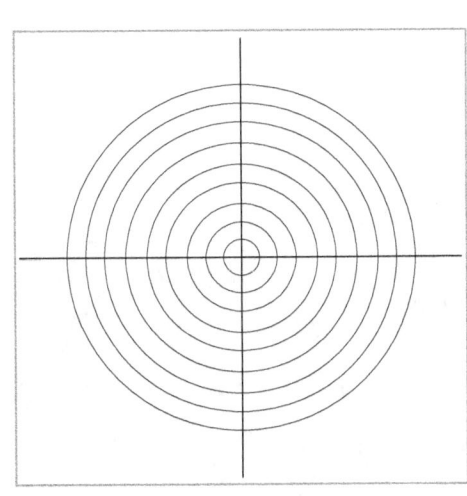

Distance : _____   Distance : _____
Target Size : _____   Target Size : _____

Location :

Firearm :

Date :

Time :

Scope Type :	
Ammunition :	
Seating Depth :	
Distance :	
Powder :	
Primer :	
Brass :	

Conditions :

Overall Results :

Notes :

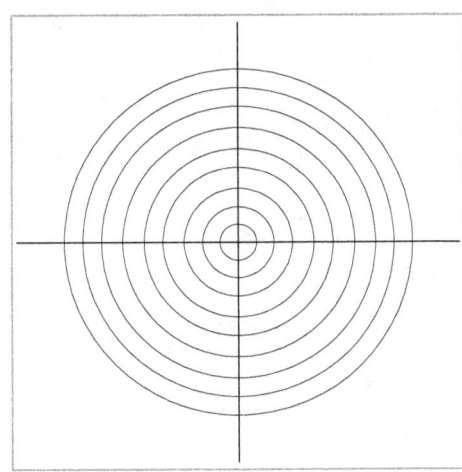

Distance : _____   Distance : _____
Target Size : _____   Target Size : _____

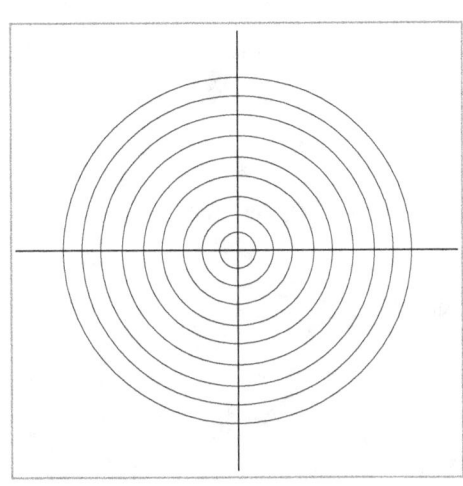

Distance : _____   Distance : _____
Target Size : _____   Target Size : _____

Location : _____ Date : _____
Firearm : _____ Time : _____

Scope Type :	
Ammunition :	
Seating Depth :	
Distance :	
Powder :	
Primer :	
Brass :	

Conditions :
_____
_____
_____

Overall Results :	

Notes :
_____
_____
_____
_____
_____
_____
_____
_____
_____
_____

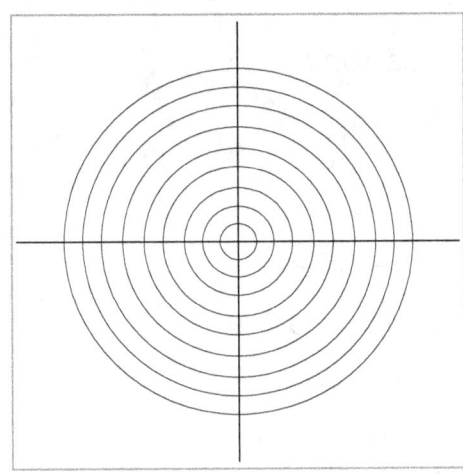

Distance : _____
Target Size : _____

Distance : _____
Target Size : _____

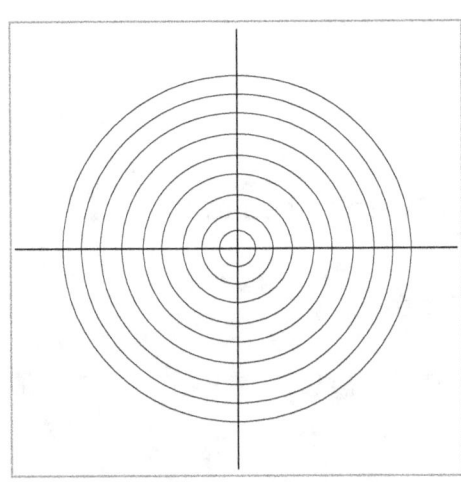

Distance : _____
Target Size : _____

Distance : _____
Target Size : _____

Location :   Date :
Firearm :   Time :

Scope Type :	
Ammunition :	
Seating Depth :	
Distance :	
Powder :	
Primer :	
Brass :	

Conditions :

Overall Results :	

Notes :

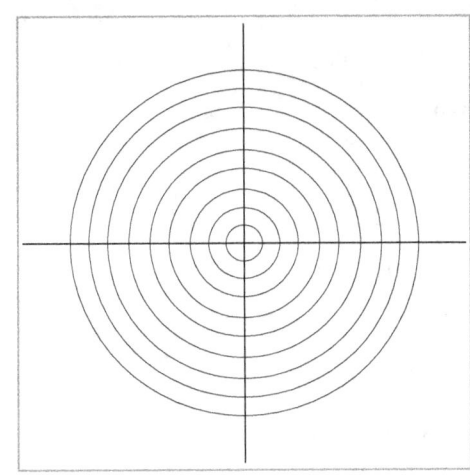

Distance : _____
Target Size : _____

Distance : _____
Target Size : _____

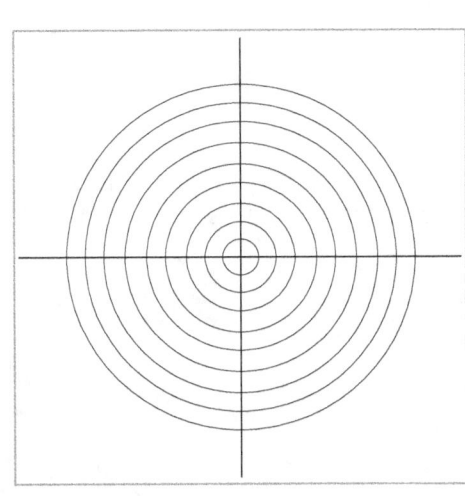

Distance : _____
Target Size : _____

Distance : _____
Target Size : _____

Location :		Date :
Firearm :		Time :

Scope Type :	
Ammunition :	
Seating Depth :	
Distance :	
Powder :	
Primer :	
Brass :	

Conditions :

Overall Results :	

Notes :

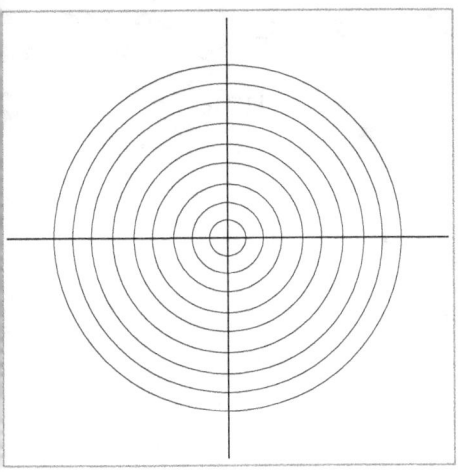

Distance :
Target Size :

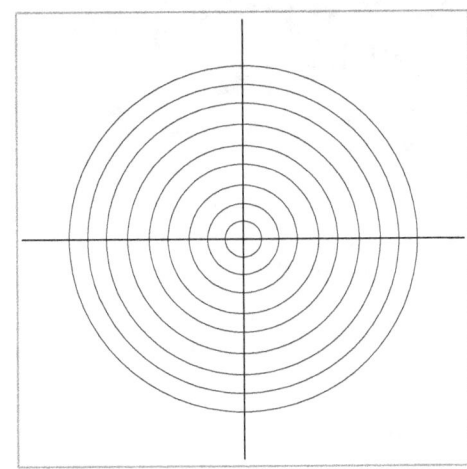

Distance :
Target Size :

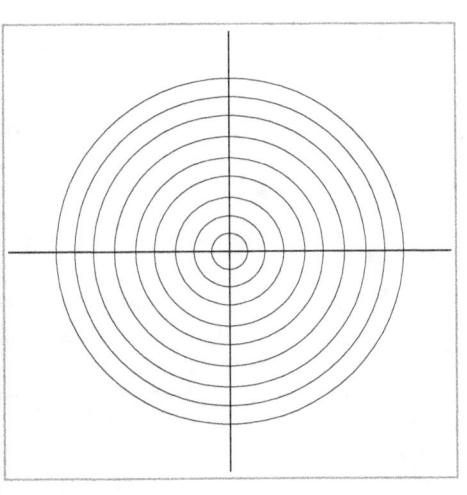

Distance :
Target Size :

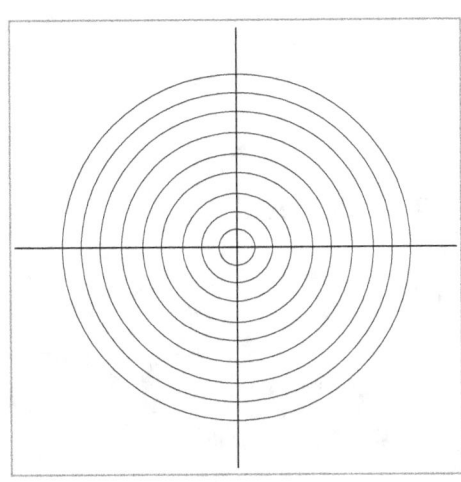

Distance :
Target Size :

Location : _____

Firearm : _____

Date : _____

Time : _____

Scope Type :	
Ammunition :	
Seating Depth :	
Distance :	
Powder :	
Primer :	
Brass :	

Conditions :

_____

_____

_____

Overall Results :	

Notes :

_____

_____

_____

_____

_____

_____

_____

_____

_____

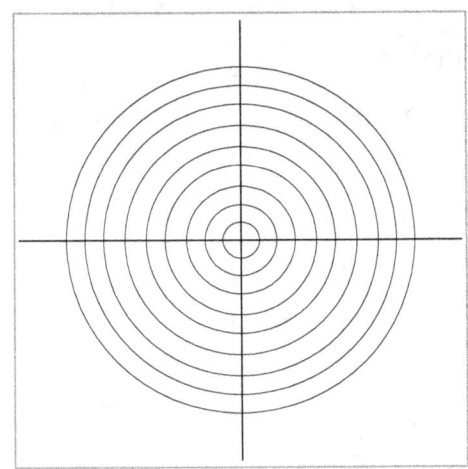

Distance : _____
Target Size : _____

Distance : _____
Target Size : _____

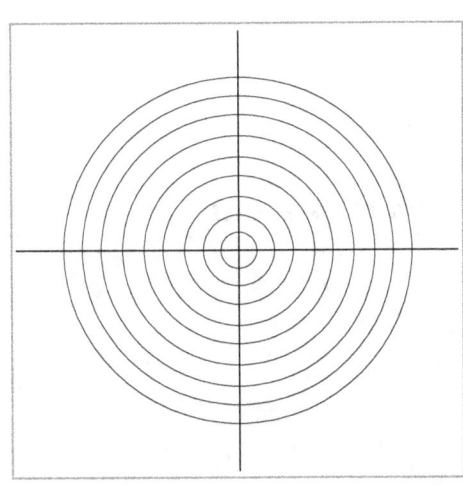

Distance : _____
Target Size : _____

Distance : _____
Target Size : _____

Location : _____
Firearm : _____

Date :	
Time :	

Scope Type :	
Ammunition :	
Seating Depth :	
Distance :	
Powder :	
Primer :	
Brass :	

Conditions :

Overall Results :	

Notes :

Distance : _____   Distance : _____
Target Size : _____   Target Size : _____

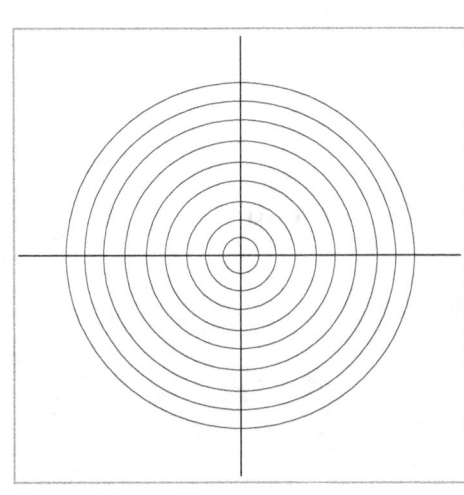

Distance : _____   Distance : _____
Target Size : _____   Target Size : _____

Location : _____

Firearm : _____

Date :
Time :

Scope Type :	
Ammunition :	
Seating Depth :	
Distance :	
Powder :	
Primer :	
Brass :	

Conditions :

Overall Results :	

Notes :

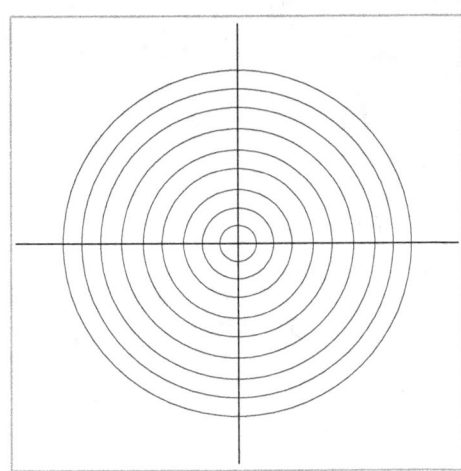

Distance : _____　　Distance : _____
Target Size : _____　　Target Size : _____

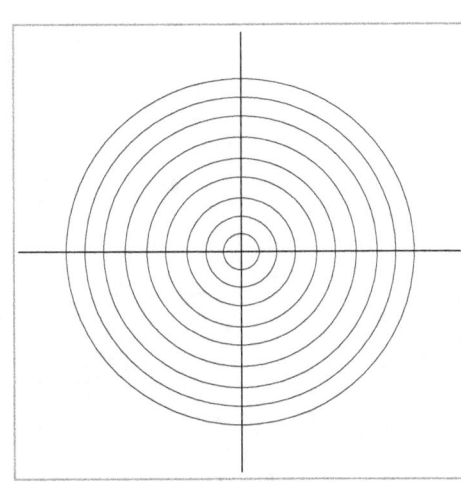

Distance : _____　　Distance : _____
Target Size : _____　　Target Size : _____

Location :

Firearm :

Date :

Time :

Scope Type :	
Ammunition :	
Seating Depth :	
Distance :	
Powder :	
Primer :	
Brass :	

Conditions :

Overall Results :	

Notes :

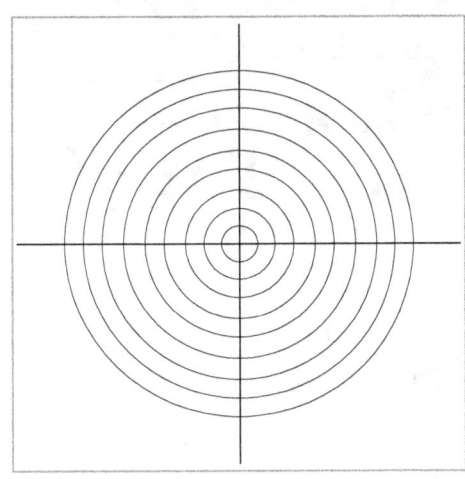

Distance : _____
Target Size : _____

Distance : _____
Target Size : _____

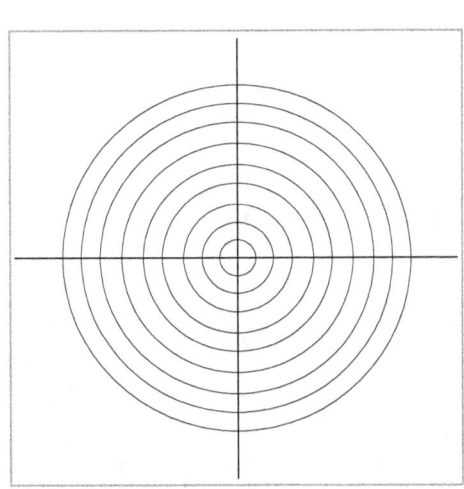

Distance : _____
Target Size : _____

Distance : _____
Target Size : _____

Location : _____   Date : ____
Firearm : _____   Time : ____

Scope Type :	
Ammunition :	
Seating Depth :	
Distance :	
Powder :	
Primer :	
Brass :	

Conditions :
_____
_____
_____

Overall Results :	

Notes :
_____
_____
_____
_____
_____
_____
_____
_____
_____

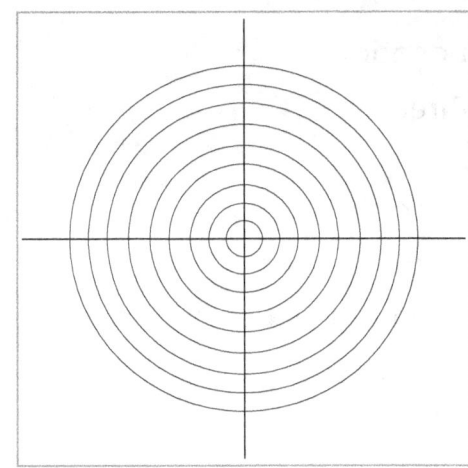

Distance :

Target Size :

Distance :

Target Size :

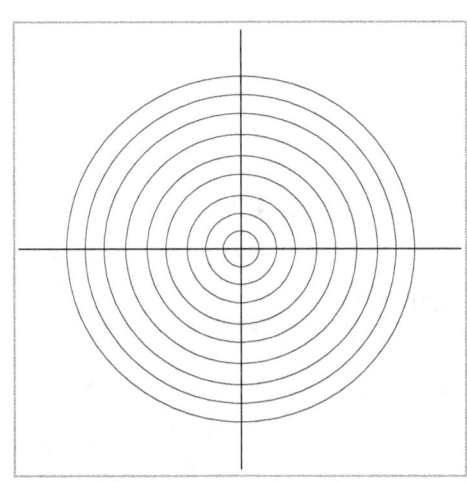

Distance :

Target Size :

Distance :

Target Size :

Location :		Date :	
Firearm :		Time :	

Scope Type :	
Ammunition :	
Seating Depth :	
Distance :	
Powder :	
Primer :	
Brass :	

Conditions :

Overall Results :	

Notes :

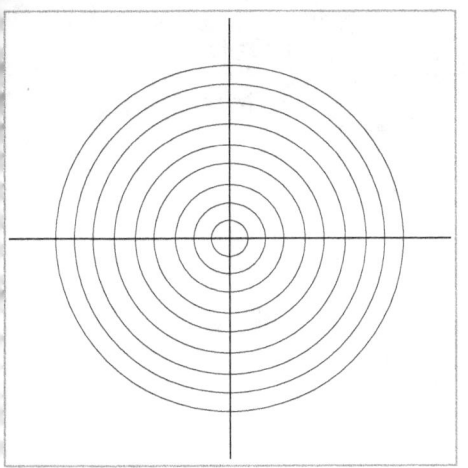

Distance : _____
Target Size : _____

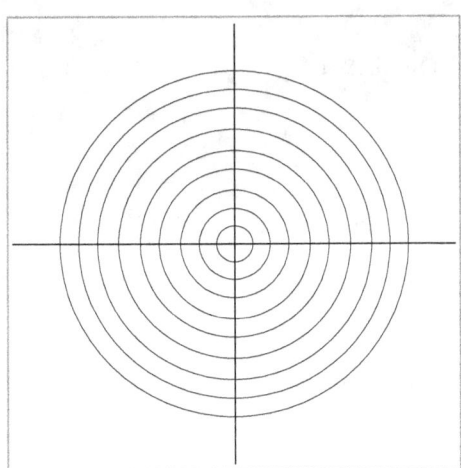

Distance : _____
Target Size : _____

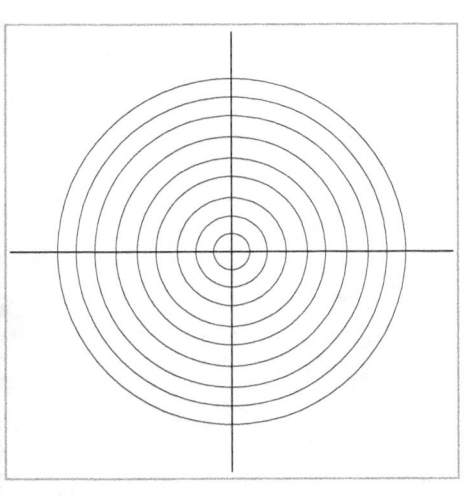

Distance : _____
Target Size : _____

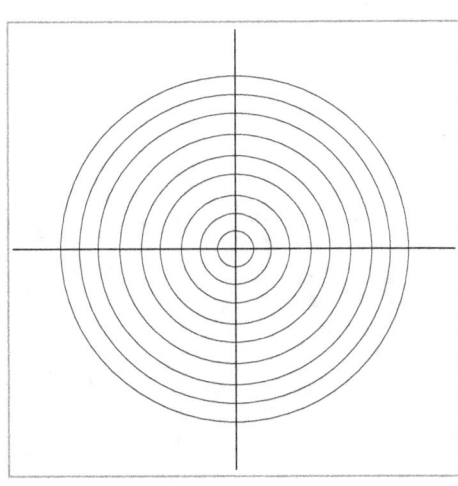

Distance : _____
Target Size : _____

Location : _____   Date :
Firearm : _____   Time :

Scope Type :	
Ammunition :	
Seating Depth :	
Distance :	
Powder :	
Primer :	
Brass :	

Conditions :

_____
_____
_____

Overall Results :	

Notes :

_____
_____
_____
_____
_____
_____
_____
_____
_____
_____

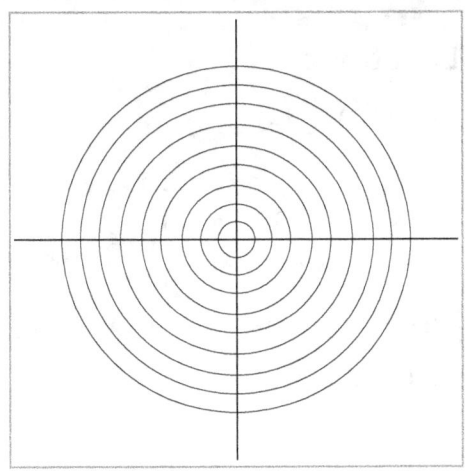

Distance : _____   Distance : _____
Target Size : _____   Target Size : _____

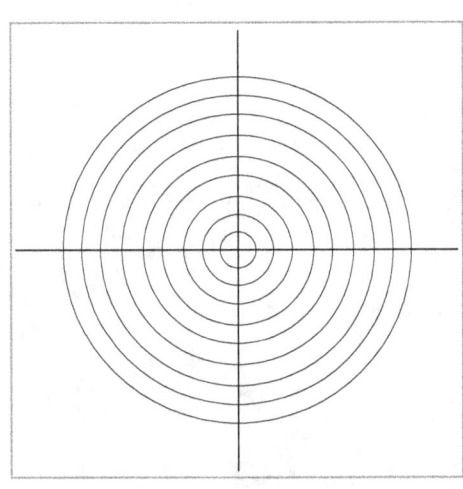

Distance : _____   Distance : _____
Target Size : _____   Target Size : _____

Location : _____ Date : _____
Firearm : _____ Time : _____

Scope Type :	
Ammunition :	
Seating Depth :	
Distance :	
Powder :	
Primer :	
Brass :	

Conditions :

_____
_____
_____

Overall Results :	

Notes :

_____
_____
_____
_____
_____
_____
_____
_____
_____

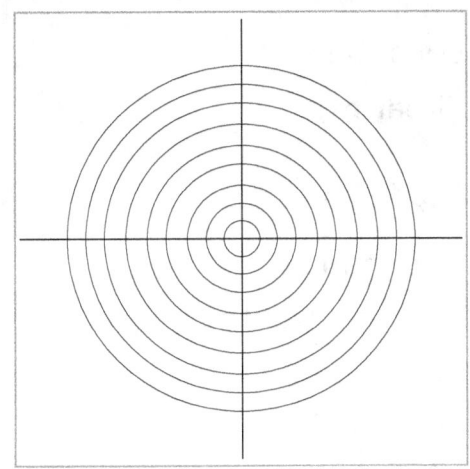

Distance : _____
Target Size : _____

Distance : _____
Target Size : _____

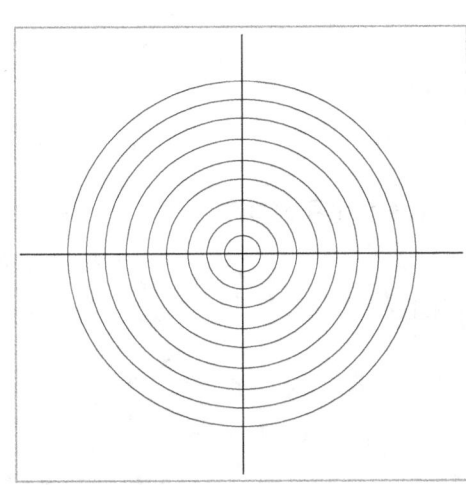

Distance : _____
Target Size : _____

Distance : _____
Target Size : _____

Location : Date :
Firearm : Time :

Scope Type :	
Ammunition :	
Seating Depth :	
Distance :	
Powder :	
Primer :	
Brass :	

Conditions :

Overall Results :

Notes :

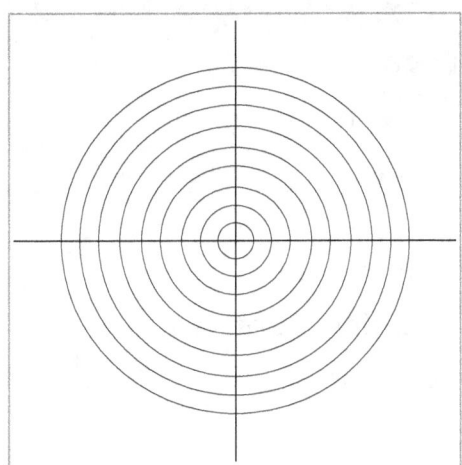

Distance :
Target Size :

Distance :
Target Size :

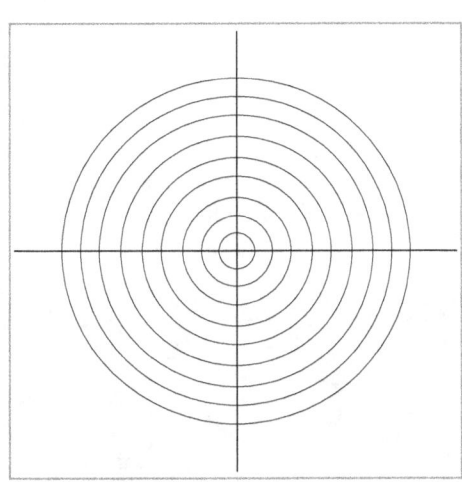

Distance :
Target Size :

Distance :
Target Size :

Location : _____   Date :
Firearm : _____   Time :

Scope Type :	
Ammunition :	
Seating Depth :	
Distance :	
Powder :	
Primer :	
Brass :	

Conditions :

Overall Results :	

Notes :

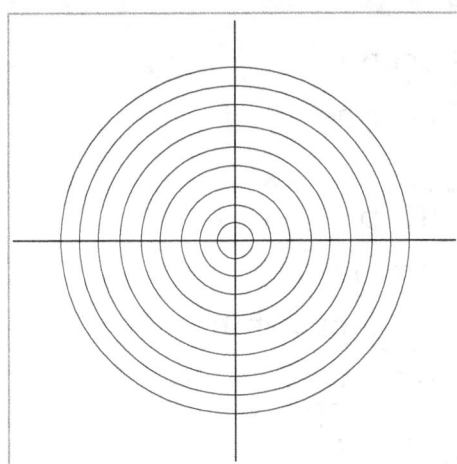

Distance : _____ Distance : _____
Target Size : _____ Target Size : _____

Distance : _____ Distance : _____
Target Size : _____ Target Size : _____

Location :

Firearm :

Date :

Time :

Scope Type :	
Ammunition :	
Seating Depth :	
Distance :	
Powder :	
Primer :	
Brass :	

Conditions :

Overall Results :	

Notes :

Distance : _____
Target Size : _____

Distance : _____
Target Size : _____

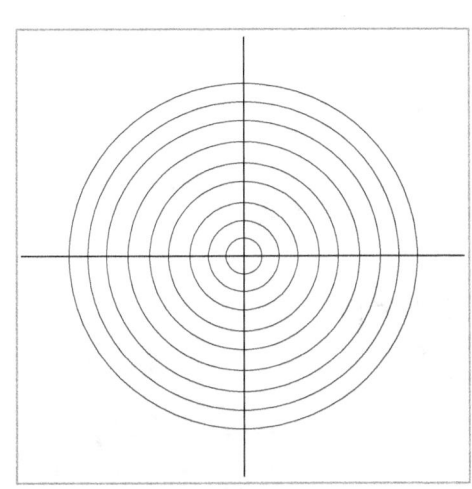

Distance : _____
Target Size : _____

Distance : _____
Target Size : _____

Location :

Firearm :

Date :

Time :

Scope Type :	
Ammunition :	
Seating Depth :	
Distance :	
Powder :	
Primer :	
Brass :	

Conditions :

Overall Results :	

Notes :

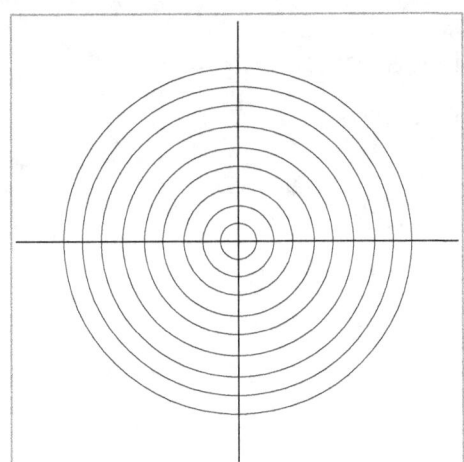

Distance : _____   Distance : _____
Target Size : _____   Target Size : _____

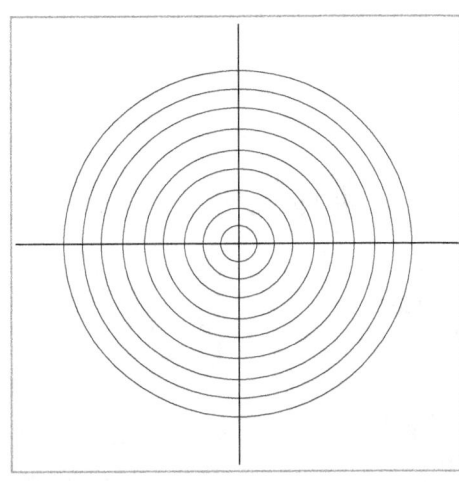

Distance : _____   Distance : _____
Target Size : _____   Target Size : _____

Location : _____

Firearm : _____

Date :

Time :

Scope Type :	
Ammunition :	
Seating Depth :	
Distance :	
Powder :	
Primer :	
Brass :	

Conditions :

Overall Results :	

Notes :

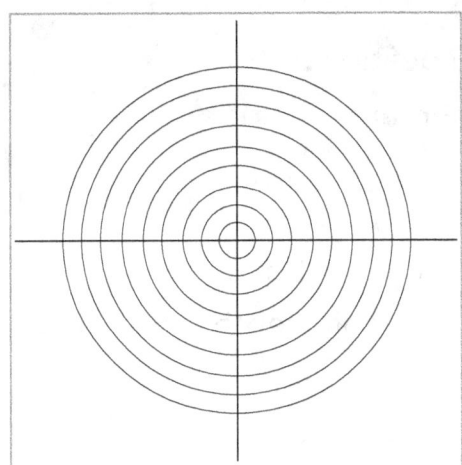

Distance : _____   Distance : _____
Target Size : _____   Target Size : _____

Distance : _____   Distance : _____
Target Size : _____   Target Size : _____

Location :

Firearm :

Date :

Time :

Scope Type :	
Ammunition :	
Seating Depth :	
Distance :	
Powder :	
Primer :	
Brass :	

Conditions :

Overall Results :

Notes :

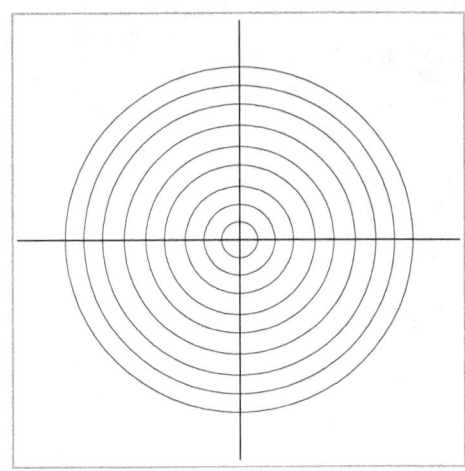

Distance : _____   Distance : _____
Target Size : _____ Target Size : _____

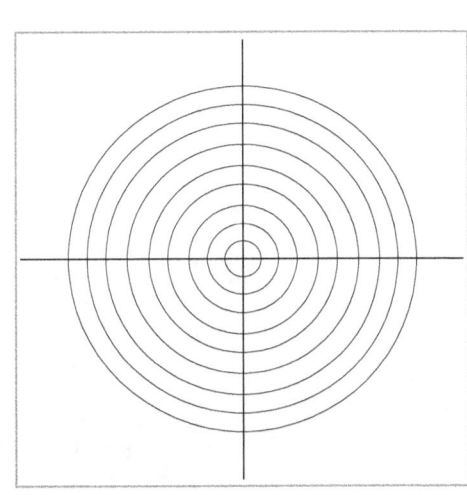

Distance : _____   Distance : _____
Target Size : _____ Target Size : _____

Location : | Date :
Firearm : | Time :

Scope Type :	
Ammunition :	
Seating Depth :	
Distance :	
Powder :	
Primer :	
Brass :	

Conditions :

Overall Results :

Notes :

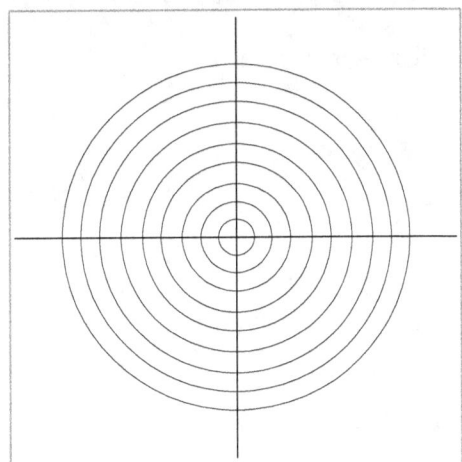

Distance : _____ Distance : _____
Target Size : _____ Target Size : _____

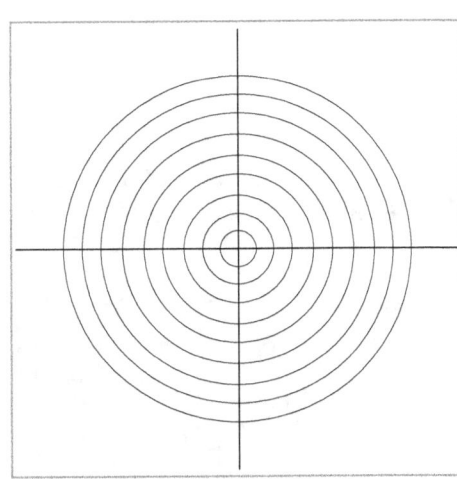

Distance : _____ Distance : _____
Target Size : _____ Target Size : _____

Location :

Firearm :

Date :

Time :

Scope Type :	
Ammunition :	
Seating Depth :	
Distance :	
Powder :	
Primer :	
Brass :	

Conditions :

Overall Results :	

Notes :

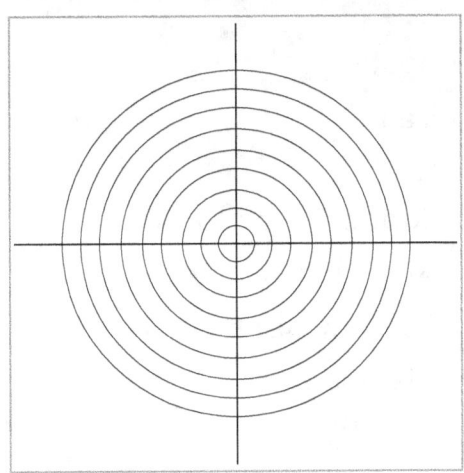

Distance : _____   Distance : _____
Target Size : _____   Target Size : _____

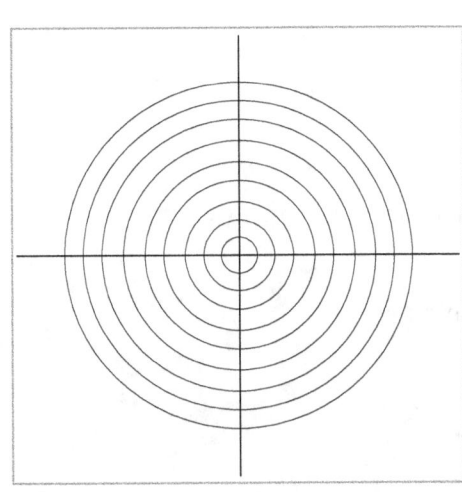

Distance : _____   Distance : _____
Target Size : _____   Target Size : _____

Location : _____ Date : _____
Firearm : _____ Time : _____

Scope Type :	
Ammunition :	
Seating Depth :	
Distance :	
Powder :	
Primer :	
Brass :	

Conditions :

Overall Results :	

Notes :

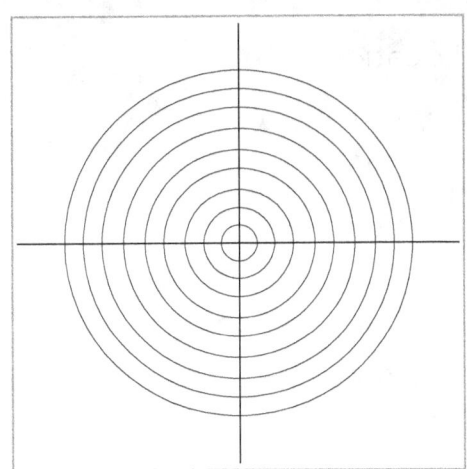

Distance : _____ Distance : _____
Target Size : _____ Target Size : _____

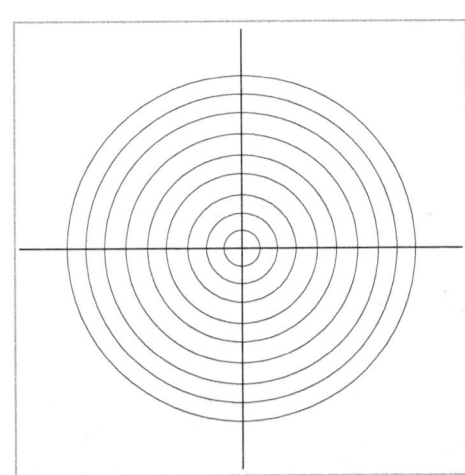

Distance : _____ Distance : _____
Target Size : _____ Target Size : _____

Location : _____   Date : _____
Firearm : _____   Time : _____

Scope Type :	
Ammunition :	
Seating Depth :	
Distance :	
Powder :	
Primer :	
Brass :	

Conditions :

| Overall Results : | |

Notes :

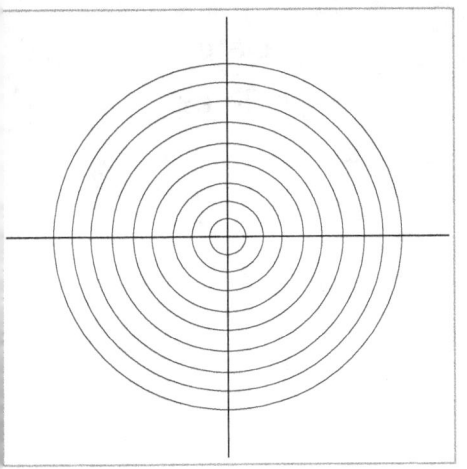

Distance : _____
Target Size : _____

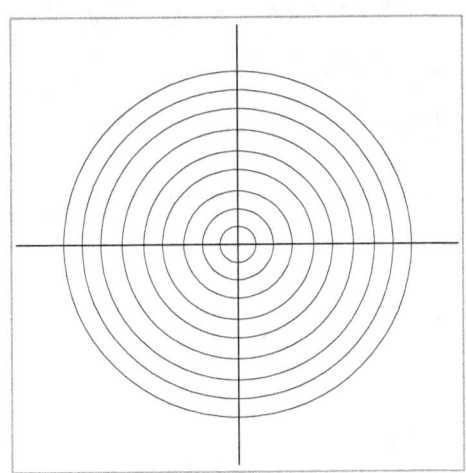

Distance : _____
Target Size : _____

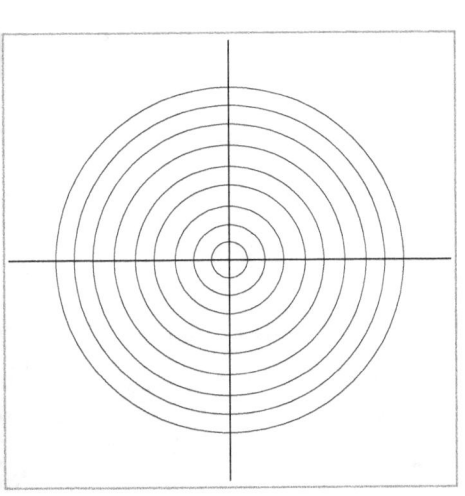

Distance : _____
Target Size : _____

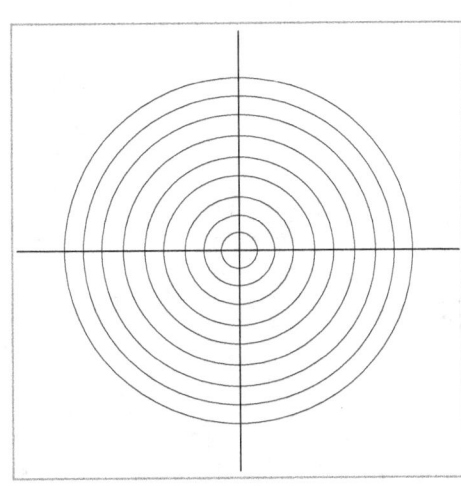

Distance : _____
Target Size : _____

Location :

Firearm :

Date :

Time :

Scope Type :	
Ammunition :	
Seating Depth :	
Distance :	
Powder :	
Primer :	
Brass :	

Conditions :

Overall Results :	

Notes :

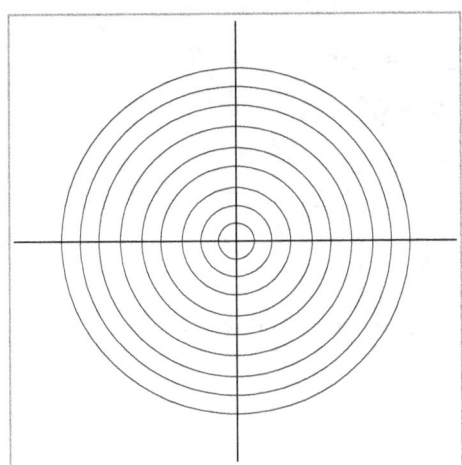

Distance : _____
Target Size : _____

Distance : _____
Target Size : _____

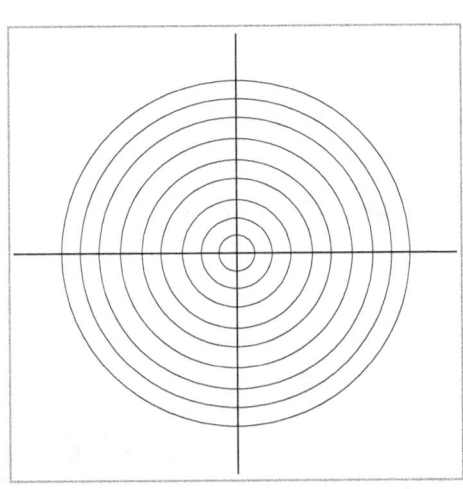

Distance : _____
Target Size : _____

Distance : _____
Target Size : _____

Location : _____

Firearm : _____

Date : _____

Time : _____

Scope Type :	
Ammunition :	
Seating Depth :	
Distance :	
Powder :	
Primer :	
Brass :	

Conditions :

_____

_____

_____

Overall Results :	

Notes :

_____

_____

_____

_____

_____

_____

_____

_____

_____

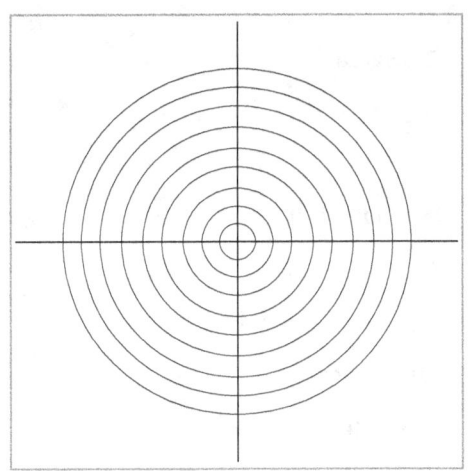

Distance : _____
Target Size : _____

Distance : _____
Target Size : _____

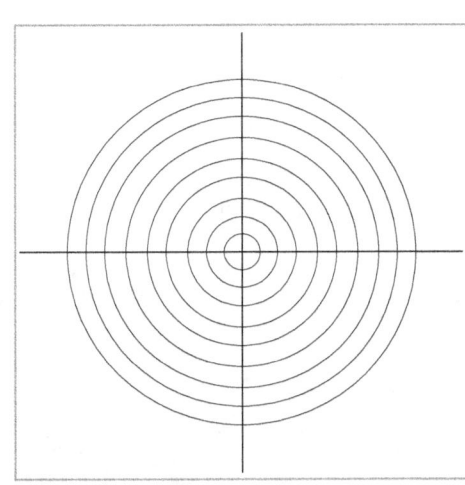

Distance : _____
Target Size : _____

Distance : _____
Target Size : _____

Location : _____   Date : _____
Firearm : _____   Time : _____

Scope Type :	
Ammunition :	
Seating Depth :	
Distance :	
Powder :	
Primer :	
Brass :	

Conditions :

Overall Results :	

Notes :

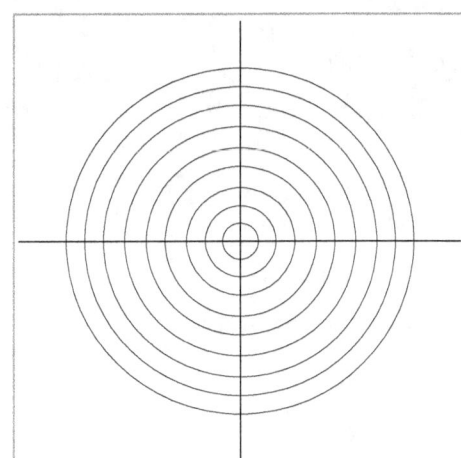

Distance : _____   Distance : _____
Target Size : _____   Target Size : _____

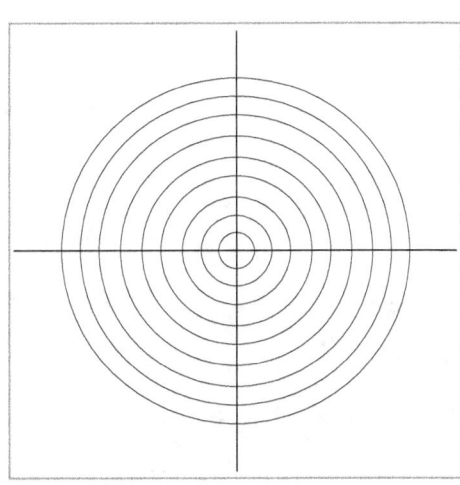

Distance : _____   Distance : _____
Target Size : _____   Target Size : _____

Location :

Firearm :

Date :

Time :

Scope Type :	
Ammunition :	
Seating Depth :	
Distance :	
Powder :	
Primer :	
Brass :	

Conditions :

Overall Results :	

Notes :

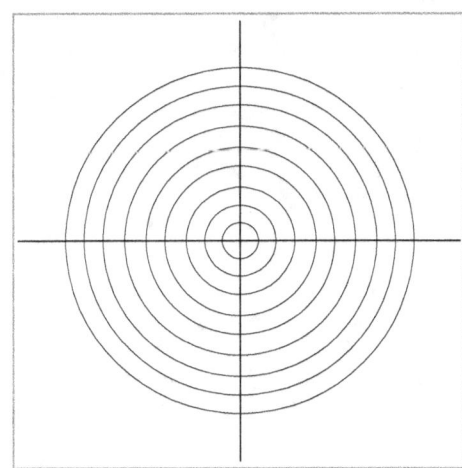

Distance : _____   Distance : _____
Target Size : _____   Target Size : _____

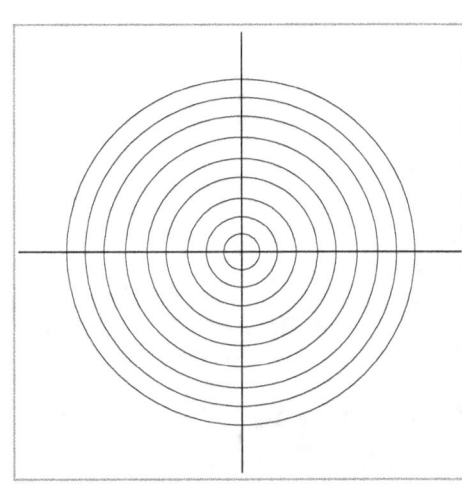

Distance : _____   Distance : _____
Target Size : _____   Target Size : _____

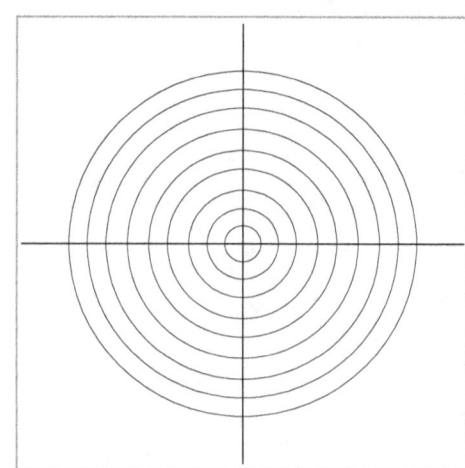

Distance : _____   Distance : _____
Target Size : _____   Target Size : _____

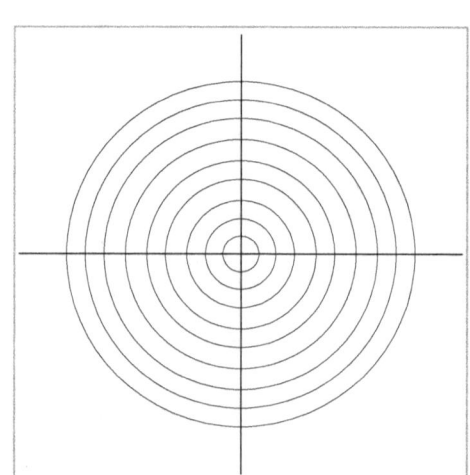

Distance : _____   Distance : _____
Target Size : _____   Target Size : _____

www.ingramcontent.com/pod-product-compliance
Lightning Source LLC
Chambersburg PA
CBHW071125130526
44590CB00056B/2397